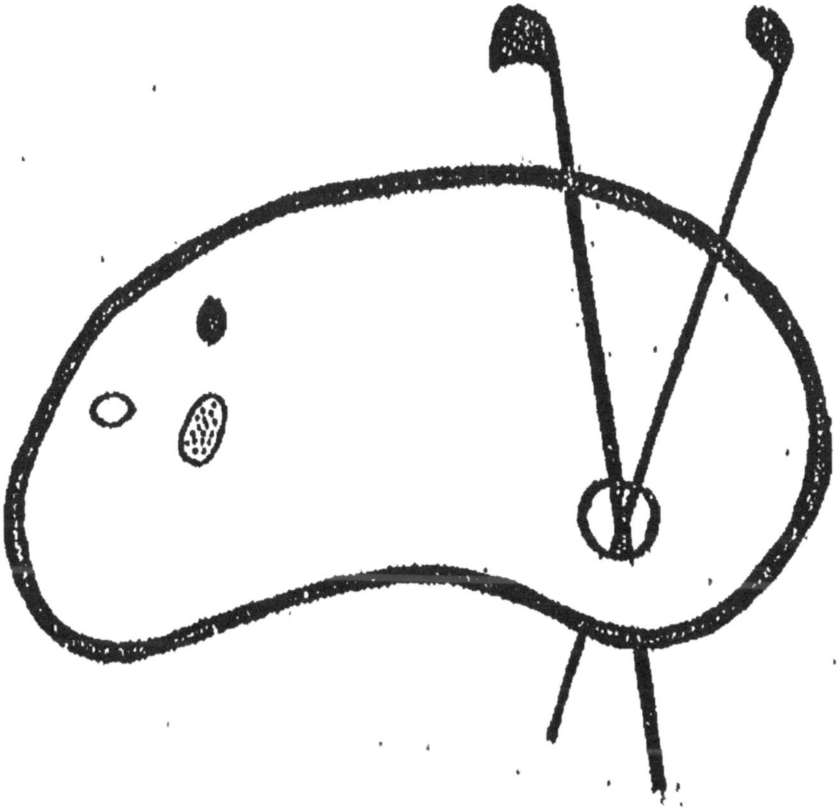

DEBUT D'UNE SERIE DE DOCUMENTS
EN COULEUR

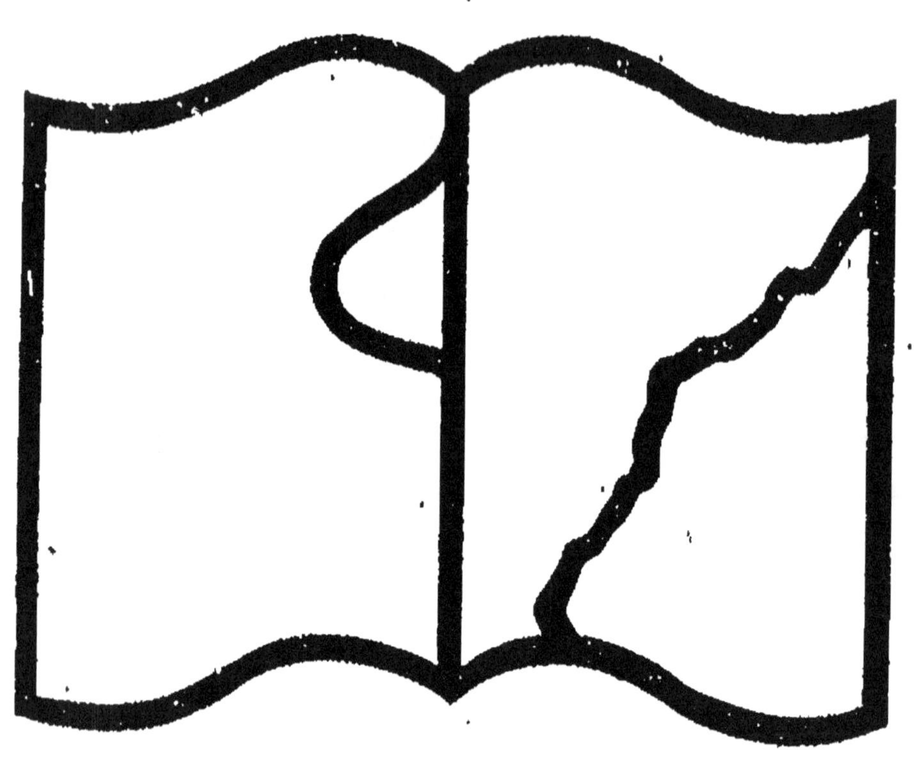

Texte détérioré — reliure défectueuse
NF Z 43-120-11

NOUVELLE SÉRIE

BIBLIOTHÈQUE DÉMOCRATIQUE

Directeur : M. Victor POUPIN

MARTIN NADAUD

LES

SOCIÉTÉS OUVRIÈRES

PARIS

LIBRAIRIE DE LA BIBLIOTHÈQUE DÉMOCRATIQUE

7, RUE JEANNE, 7

Dépositaire principal, CLAVERIE

7, RUE DU CROISSANT, 7

BIBLIOTHÈQUE DÉMOCRATIQUE

1re SÉRIE

1. NAPOLÉON, par Louis BLANC.
2. LES PAYSANS, par Alphonse ESQUIROS.
3. LES JÉSUITES, par A. ANDRÉY.
4. LES ORIGINES DE LA RÉVOLUTION, par Ernest HAMEL.
5. } LES HOMÉLIES DE VOLTAIRE, par Victor
6. }   POUPIN.
7. LE DEUX DÉCEMBRE A PARIS, par Victor SCHŒLCHER.
8. SCIENCE ET CONSCIENCE, par L. VIARDOT.
9. LE LIVRE DES FEMMES, par Léon RICHER.
10. LA POLITIQUE AU VILLAGE, par M.-L. GAGNEUR.

2e SÉRIE

1. LES PRINCES D'ORLÉANS, par Victor POUPIN.
2. LA PROPRIÉTÉ, LA FAMILLE ET LE CHRISTIANISME, par SCHŒLCHER.
3. JEANNE DARC, par Henri MARTIN.
4. LA COMMUNE DE MALENPIS, par André LÉO.
5. } L'OPPOSITION ET L'EMPIRE, par GARNIER-
6. }   PAGÈS.
7. LES SOCIÉTÉS OUVRIÈRES, par Martin NADAUD.
8. LA FEMME EN FRANCE AU XIXe SIÈCLE, par LEGOUVÉ.
9. L'INSTRUCTION GRATUITE ET OBLIGATOIRE, par Jules SIMON.
10. LE DROIT DIVIN, par Victor POUPIN.

Paris-Vaugirard. — Typ. N. Blanpain, 7, rue Jeanne.

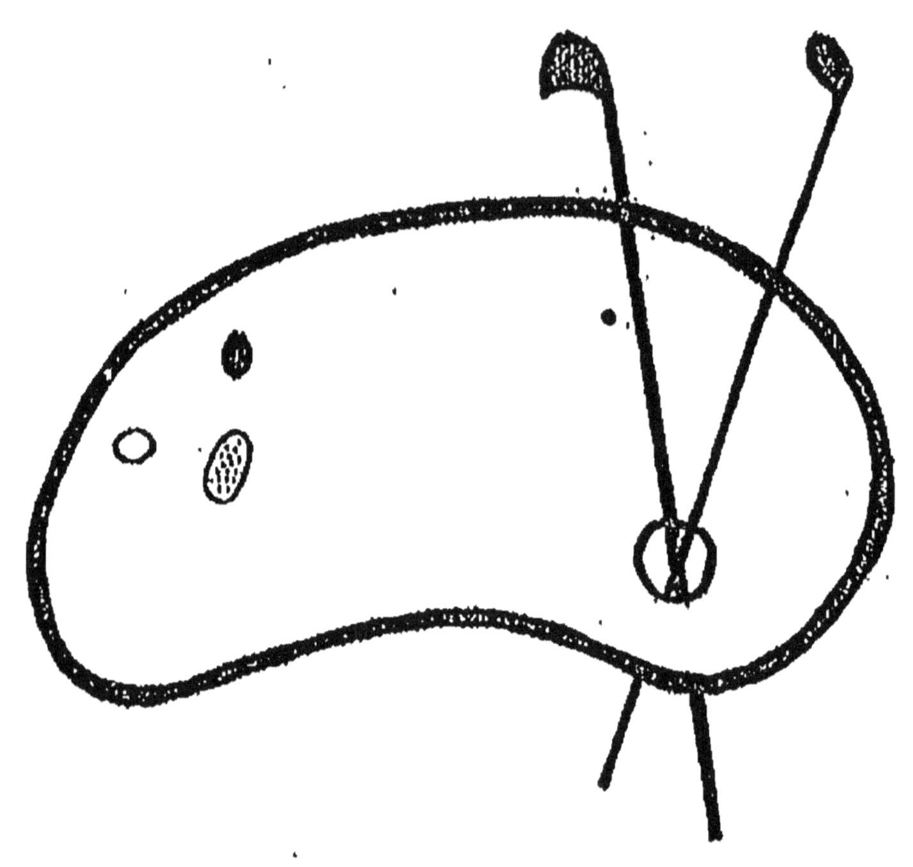

FIN D'UNE SERIE DE DOCUMENTS
EN COULEUR

LES

SOCIÉTÉS OUVRIÈRES

BIBLIOTHÈQUE DÉMOCRATIQUE

DIRECTEUR : M. VICTOR POUPIN

MARTIN NADAUD

SOCIÉTÉS

OUVRIÈRES

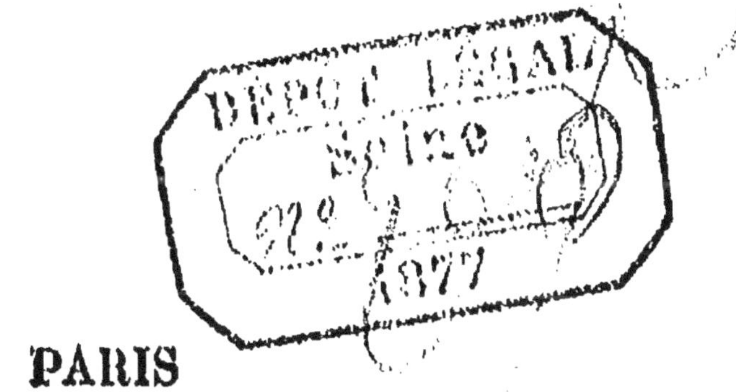

PARIS

LIBRAIRIE DE LA BIBLIOTHÈQUE DÉMOCRATIQUE

7, RUE JEANNE, 7

Dépositaire principal, A. SAGNIER

31, RUE BONAPARTE, 31

MARTIN NADAUD

Martin Nadaud est né en 1815, à la Martinaiche, dans la Creuse, d'une famille de paysans.

A quatorze ans il arrivait à Paris, comme garçon maçon, quelques mois avant la révolution de 1830.

Bien vite conquis aux idées libérales, dès 1834 il devint membre de la *Société des droits de l'homme.*

Les écrits de Buchez, de Charles Teste, de Cabet, de Louis Blanc, de Proudhon, enthousiasmèrent Nadaud, qui ouvrit en 1838 une école à l'usage des ouvriers du bâtiment, école où les cours techniques alternaient avec les discussions socialistes, et où se formèrent les premiers ouvriers républicains parmi les maçons.

Ces ouvriers songèrent à leur jeune maître, en 1848, pour les représenter à la

Constituante, et, après avoir échoué cette première fois, ils firent enfin triompher sa candidature aux élections pour l'Assemblée législative.

Immédiatement le nouvel élu proposa de modifier la loi de 1841 sur l'expropriation pour cause d'utilité publique, il démontra la nécessité d'abroger l'art. 1781 du Code civil et les articles du Code pénal relatifs aux coalitions ouvrières, ainsi que l'obligation inquisitoriale du livret, puis il demanda l'achèvement du Louvre, la continuation de la rue de Rivoli, etc. Il prit enfin la part la plus active à l'enquête ordonnée par la Constituante sur la situation des travailleurs dans toute l'étendue de la République.

Arrêté dans la nuit du 2 décembre, Nadaud fut conduit à la frontière belge. Chassé par la police de Léopold, il se retira en Angleterre, où il reprit d'abord son métier de maçon, et finit par entrer comme professeur dans un pensionnat. Pendant ce long exil, Nadaud refusa deux fois la candidature dans la Creuse, ne voulant point prêter serment à l'empire.

Il fut nommé préfet, au 4 septembre, dans son département natal. Mais, à la nouvelle de la capitulation de Paris, il donna sa démission, et commença d'écrire plusieurs ouvrages de littérature et de politique. C'est ainsi qu'il a publié récemment une *Histoire des classes ouvrières en Angleterre*, et que, depuis trois mois, il fait des conférences publiques, très-suivies, très-instructives, très-applaudies, sur la situation comparée des prolétaires anglais et français.

Enfin, travailleur infatigable, citoyen dévoué, démocrate éprouvé, Martin Nadaud a l'honneur de siéger en ce moment au conseil municipal de Paris comme représentant du quartier du Père-Lachaise.

Personne ne pouvait écrire avec plus d'autorité que notre nouveau collaborateur ce livre sur *les Sociétés ouvrières*, que la *Bibliothèque Démocratique* se félicite de publier.

La question capitale, aujourd'hui, c'est l'émancipation de la classe ouvrière. Ce progrès, au point de vue politique, a été pour partie obtenu par la conquête du suffrage universel. La solution économique doit désormais nous occuper tout particulièrement.

L'industrie et le commerce sont, en effet, organisés sur des bases absolument contraires à celles qui prévalent dans l'ordre politique, puisque la monarchie, et la monarchie absolue, y est encore la règle. Dans quelques industries, tout ce que les travailleurs ont pu obtenir, par exception, c'est la monarchie constitutionnelle, à savoir que les ouvriers de certaines professions, groupés en sociétés corporatives, sont parvenus à imposer aux patrons certaines règles, certains usages qui sont comme la constitution de ces industries. Mais la république, la république démocratique n'existe presque nulle part en industrie, quoique là, comme en politique, elle soit la justice, la logique, et doive devenir la règle.

Le patronat spéculateur, employant des salariés, reste la base de notre organisation économique. Eh bien, à notre époque de démocratie, une pareille situation est une source de conflits et de dangers permanents! Pour que le mal disparaisse, il faut une nouvelle organisation industrielle, répartissant les produits du travail d'une façon équitable entre tous les coopérateurs de l'œuvre commune, et en proportion de la part qu'ils y ont prise.

La Société coopérative, résultat des recherches des différentes écoles socialistes, peut seule, jusqu'à ce jour, résoudre ce problème.

Victor POUPIN.

LES SOCIÉTÉS OUVRIÈRES

I

LA COOPÉRATION

Tous les partis en France ont préconisé la coopération ; tous aussi semblent vouloir y renoncer.

Ce n'est pas un bon signe, car la coopération doit passer dans les habitudes du peuple, autrement le problème de la vie à bon marché ne se résoudra jamais.

Espérons que nous allons voir reprendre ces bonnes et saines publications par lesquelles les ouvriers se sont appliqués à populariser ce principe dans les dernières années qui ont précédé la chute de l'empire.

Parmi les nombreuses formes que revêt le principe d'association, il n'y en a pas une qui puisse alléger plus directement que la coopération le lourd fardeau qui pèse sur les familles de ceux qui sont contraints de tout acheter au détail.

La transformation peut paraître longue, mais elle le sera bien davantage si on dédaigne de mettre la main à l'œuvre,

A ce propos, il n'est pas sans intérêt

d'informer d'abord le lecteur de l'état où se trouvaient, il y a une quarantaine d'années, les classes ouvrières en Angleterre ; on jugera mieux de la valeur du principe, on verra que goutte d'eau forme grande rivière.

II

LES SOCIÉTÉS OUVRIÈRES EN ANGLETERRE

Depuis un temps immémorial, l'habitude était de payer les ouvriers en denrées, au lieu de les payer en argent.

On appelait cela *le truck système*.

C'étaient leurs maîtres qui tenaient boutique pour eux. Voici comment les choses se passaient:

Le maître, profitant de son droit, fournissait à chacun, pain, beurre, thé, souliers, chapeaux et vêtements ; il nourrissait même des vaches pour vendre, chaque matin, le lait nécessaire à la famille.

Quels motifs alléguait-on pour ne pas soulever la conscience publique, témoin d'un aussi abominable trafic ?

Tout simplement que si on remettait à l'ouvrier son argent, le cabaret aurait tout et la famille rien. Ainsi il ne leur suffisait pas d'exploiter l'ouvrier de cent pour cent, il fallait encore l'humilier à ses yeux, à ceux de sa femme, de ses enfants et du pays.

Quand on arrivait à régler le compte, ces bons et pieux chrétiens ne se gênaient pas pour soutenir, souvent au détriment de la vérité, que le pain, le beurre, le charbon avaient changé deux ou trois fois de prix dans le courant du mois.

L'ouvrier protestait, s'indignait; on lui disait d'aller travailler ailleurs.

S'avisait-il de citer devant le juge de paix son patron, si on lui donnait gain de cause, ce dernier faisait appel devant une cour supérieure, qui se trouvait souvent à 20 ou 25 kilomètres de distance. Pour s'y rendre, il fallait perdre du temps, dépenser de l'argent, et ce n'était pas tout, il fallait payer un avocat pour défendre sa cause.

Fait bizarre, lorsque le peuple eut attiré l'attention de la Chambre des Communes sur ces faits iniques, il s'y trouva des hommes pour défendre cette mesure sous prétexte qu'en abolissant cette loi on portait atteinte à la liberté et qu'on rompait les bons rapports qui existaient entre les maîtres et les ouvriers.

O'Connell s'exclama, dans la séance du 5 juillet 1830, que si on touchait au truck système, *il would be destructive to Ireland*, ce serait un coup fatal pour l'Irlande. Enfin, dans la séance du 5 octobre 1831, cette abominable loi fut abrogée ; il y avait cinq siècles que le peuple protestait contre, comme l'indiquent des discussions qui eurent lieu en 1300 sous Édouard IV.

Les *cooperatives societies*, en Angleterre, sont de date lointaine ; elles furent à leur origine une protestation contre les faits que je viens de signaler.

L'honnête Robert Owen, qu'on a considéré comme en étant le fondateur, a déclaré que, selon lui, elles remontaient à l'année 1696. Il est vrai que la trace s'en était perdue et qu'il la fit revivre à New'Lanark, en 1779. Mais là encore ce n'était pas le peuple qui agissait par lui-même, le passé avait trop pesé sur son intelligence ; il ne songeait pas à prendre en main la direction de ses propres affaires. Il acceptait avec reconnaissance les bienfaits qui lui venaient du grand philanthrope, puis il retombait dans l'indifférence, et restait sans soucis sur son avenir et celui de ses enfants.

Mais, lorsque le mouvement des écoles eut pris, sous la direction de Joseph Lancastre, du docteur Birbeck et de Robert Owen, un grand essor, il se réveilla, il secoua ses haillons d'esclave et s'efforça de marcher seul. Il tâtonna d'abord ; des ouvriers fondèrent, en 1828, un journal et une société coopérative à Brighton, le projet n'eut pas un grand succès. Mais ces ouvriers lisaient les écrits socialistes de Robert Owen; un premier échec ne les découragea pas; le peuple commençait à avoir une opinion.

Les grands caractères qui devaient soutenir sa cause étaient en voie de formation. En 1829, au retour de l'île de l'Homme, où les délégués de plus de cent mille hommes s'étaient retirés pour échapper à la malveillance et aux persécutions de leurs ennemis, ils fondèrent le journal *le Peuple*. Sa devise était: *Pas de puissance sans union, pas de société sans instruction.* L'idée était bonne, grande et vraie, il ne restait plus qu'à agir.

Le 28 juillet 1830, pendant que le peuple de Paris élevait des barricades, versait son sang pour ces libertés que des traîtres devaient lui ravir lâchement, les ouvriers de Londres étaient réunis et jetaient les premières bases d'une grande société protectrice du travail.

L'Internationale était là en germe, mais le temps n'était pas venu où les ouvriers de tous les pays devaient se réunir, et montrer qu'ils ne formaient qu'une même nation et qu'ils n'avaient qu'une volonté, celle de se mettre à même de pouvoir se défendre de leurs exploiteurs dont l'avidité était sans bornes et les désirs insatiables.

Un premier congrès eut lieu au mois de mai 1831, à Manchester, un second, la même année à Birmingham. Enfin un troisième, en 1832, à Londres, et là se trouvèrent présents les délégués de soixante-cinq sociétés coopératives.

On y prit la résolution suivante :

« Attendu que le mouvement coopé-
ratif tend à faire disparaître la classe
intermédiaire placée entre le produc-
teur et le consommateur, nous décidons
à l'unanimité que les coopérateurs,
comme tels, ne sont identifiés à aucun
principe religieux ou irréligieux, pas
même à ceux de M. Owen, ou de tout
autre citoyen. »

A ce moment, la capacité des classes
ouvrières n'était pas très-grande, leurs
ennemis avaient bien soin de le leur
reprocher.

Cependant Robert Peel leur conseil-
lait de persister et d'apprendre à faire
leurs affaires eux-mêmes.

Mais les connaissances qu'exigent la
comptabilité, la tenue des livres, les

achats, les ventes, ne se créent pas en un jour. Ils avaient à se prémunir aussi contre les cris des pessimistes, contre ceux qui craignaient de perdre une clientèle taillable à merci. L'indifférence que leur opposait la société leur causait de grands préjudices ; puis, dans chaque société, il y a des gens qui ne respirent que méfiance, et qui seraient en hostilité contre eux-mêmes, s'ils ne pouvaient mordre de leur langue venimeuse leurs semblables.

Pour ces êtres bavards, cafards ou hargneux, chaque mot a deux significations, ils prennent toujours celui que vous ne comprenez pas. Ils notent tout ce que vous omettez, et font semblant d'ignorer tout ce que vous affirmez.

Quand ces gens-là se joignent à une

société, ce n'est pas pour contribuer à son succès, c'est pour en faire la critique. Au lieu de chercher des forces et de les employer à la défense commune, ils cherchent à découvrir le côté faible d'une opération pour y faire entrer l'ennemi.

Ce mouvement si bien commencé s'arrêta. Dans le camp de l'ennemi on s'en réjouit tout naturellement. Les prophètes eurent beau jeu. Chacun disait tout haut : « Ah ! je l'avais bien dit.—Ah ! je savais bien qu'ils ne réussiraient pas. »

Mais les socialistes de l'école de Robert Owen n'étaient pas gens à se décourager; ils continuèrent la propagande par la plume, par la parole, avec tant d'ardeur que la vieille société eut peur. Cette peur se manifesta d'abord dans les journaux ennemis, puis enfin à la Chambre des Communes et surtout à celle des Lords.

Ce fut un évêque orthodoxe, celui d'Exeter, qui sonna la cloche d'alarme pour avertir le public que la société était minée sous ses pieds. Jamais les idées socialistes n'avaient passé par une semblable épreuve. Je les ai entendu attaquer depuis. Je me souviens que, dans une séance à l'Assemblée législative, M. Baroche, lisant le passage d'un article de Louis Blanc, souleva une tempête de récriminations. Ces récriminations se changèrent en un éclat de rire fou au moment où, répondant au ministre, je déclarai que j'appartenais à l'école du Luxembourg. Mais M. Baroche n'avait pas pris la peine d'étudier son sujet, il gesticulait, il hurlait, ne disait rien du tout et faisait pitié. Personne ne le prenait au sérieux.

Ce n'est pas de cette façon qu'un ennemi vous attaque en Angleterre ; vous êtes sûr qu'il sera calme, et qu'il aura pris le temps de chercher des arguments qui le sauveront du ridicule.

Dans la séance du 24 janvier 1840 à la Chambre des Lords, on lut une pétition des chartistes prisonniers au château de Chester ; Henri Brougham soutenait qu'on les avait arrêtés et condamnés illégalement.

Cette discussion terminée, l'évêque d'Exeter prend la parole pour soutenir une pétition signée par quatre mille prêtres ou notables du pays.

Il demande à la lire. Sachant que les doctrines socialistes dégradent le peuple, il demande l'abolition des doctrines de M. Owen. Cette pensée lui rend sa mission extrêmement pénible ; cependant le pieux évêque se décide et continue : l'intérêt de la société, de la religion, de la propriété et de la famille l'emportent sur tous ses scrupules. Puis il commence un discours de récriminations, où il n'y avait pas une parole de vraie, pas une, veux-je dire, dont le temps et les succès des sociétés coopératives n'aient fait justice.

Le premier et le grand coupable, c'est Robert Owen ; il blâme lord Melbourn de l'avoir présenté à la reine, parce que son influence pour faire le mal s'en est accrue.

La société dont il est question est universelle, dit-il ; elle a divisé l'Angleterre en 14 districts, elle a un Parlement annuel, une Cour centrale ; elle commande dans 350 villes ; c'est sou par sou qu'elle forme son budget, et elle est si riche qu'elle peut donner à ses délégués jusqu'à 35 francs par semaine, et elle a établi un journal, *The New World.* Le *Nouveau Monde* soutient les doctrines les plus dangereuses et les plus subversives.

Dans le système des socialistes, il n'y aura plus ni propriétés privées, ni mariage, ni religion. Déjà elle s'étend en France. On peut être sûr qu'elle vise : « *to put an end to all the ancient constitution of the country and he might justly add of the world at large* (à renverser l'ancienne constitution du pays, et il peut ajouter celle du monde en général). »

Que dira M. Jules Favre, s'il lui arrive de lire ces lignes? Il aura lieu d'en être jaloux, surtout s'il avait pu croire qu'il avait été le premier à dénoncer, à la vindicte des rois, la Société Internationale.

D'autres hommes vindicatifs et haineux l'avaient devancé dans son triste rôle de dénonciateur des sociétés populaires.

Puis l'évêque, passant des principes à leur application, reproche aux socialistes d'avoir bâti une belle salle de réunion pour enseigner leurs principes à Sheffield : ici, il ne commettait pas d'erreur, c'était vrai ;

D'en avoir construit une seconde à Leeds : c'était vrai ; de s'occuper à lever des souscriptions pour en construire d'autres à Liverpool, à Birmingham, à Halifax, à Macclesfield : c'était vrai encore.

Il se plaint qu'à Manchester quatre individus aient souscrit une somme de 125,000 fr. pour en élever une des plus vastes : c'était vrai encore.

Dans la séance du 3 février même année, le duc de Wellington prit part à la discussion. Sa parole avait du poids ; il déclare qu'il ne sait rien du socialisme, mais qu'il a voulu lire ses livres : il les trouve abominables. Il conclut, comme l'évêque, à la suppression du socialisme.

Jamais séance ne fut plus acharnée. L'évêque de Londres parla à son tour dans le même sens. L'archevêque de Cantorbury vint soutenir ses deux subordonnés. Néanmoins, malgré les colères des prélats, le ministre lord Normanby déclara qu'il ne poursuivrait pas les socialistes, parce qu'ils n'avaient pas violé la loi.

On se contenta d'envoyer une adresse à la reine. Puis, la police reçut ordre de faire une enquête dans toutes les villes et de dénoncer les personnes entachées de socialisme. La réponse fut que les ouvriers sur lesquels on demandait des renseignements, étaient des hommes habiles, rangés et de mœurs irréprochables.

On avait voulu tuer le socialisme, on lui donna de l'importance.

En effet, le moment approchait où les idées allaient s'incarner dans les faits. Le socialisme avait pénétré à Rochdale, et du milieu de cette ville devait partir un mouvement destiné à attirer l'attention de l'Europe et à transformer l'Industrie.

Un soir de l'année 1843, un petit nombre de tisserands sans emploi, mal vêtus et sans nourriture, le cœur brisé à l'aspect présent et à venir de leur état social, se réunirent dans une des plus misérables ruelles de la ville, la ruelle des Crapauds, pour se demander ce qu'ils pourraient entreprendre en commun pour améliorer leur condition matérielle. Ils décidèrent qu'ils loueraient un petit rez-de-chaussée où ils vendraient du beurre, du thé et autres objets de consommation.

Rochdale, dit M. Holyoacke, a comme toutes les villes ses gamins. Ils venaient en foule s'attrouper devant la porte et regarder avec insolence dans la petite boutique presque vide. Mais les tisserands transformés en épiciers agissaient honnêtement, ils achetaient du bon, et vendaient sans fraude.

Améliorer le moral du métier les préoccupait plus que les grands profits. L'année 1844 se passa sans bruit et sans grand succès. Ils étaient au nombre de 28, et possédaient pour toute fortune 700 fr.

Deux ans après ils étaient 1,600 as-

sociés et avaient en caisse 323,000 fr.
et 98,025 fr. de bénéfice. En 1866, le
nombre des coopérateurs s'était élevé
à 6,246, leur caisse à 2,499,725 fr.,
leurs bénéfices à 798,275 fr.

Et depuis, leur succès tient du pro-
dige.

Nous donnons ici le tableau de ses
affaires : si on nous accuse de faire connaître ce qui est déjà connu nous n'en
maintiendrons pas moins que des faits de
ce genre, pour se graver dans la mémoire du peuple, ont besoin de lui être
présentés souvent, et sous toutes les
formes.

C'est en répétant leurs homélies ha-
bituelles que les prêtres maintiennent
les peuples dans l'ignorance. Ce moyen

me paraît bon pour hâter aussi l'instruction des masses.

OPÉRATIONS COMMERCIALES
DES OUVRIERS DE ROCHDALE

ANNÉES.	NOMBRE des MEMBRES.	FONDS. en livres sterl.	CHIFFRE des AFFAIRES	BÉNÉFICES.
1844	28	28 (1)	»	»
1845	74	181	710	22
1846	80	252	1.146	80
1847	110	280	1.924	72
1848	140	397	2.276	117
1849	390	1.193	6.611	561
1850	600	2.200	13.179	880
1851	630	2.785	17.638	990
1852	680	3.471	16.352	1.200
1853	720	5.848	22.760	1.671
1854	900	7.172	33.364	1.703
1855	1.400	11.032	54.002	3.100
1856	1.600	12.920	63.197	8.021
1857	1.850	16.142	79.788	5.470
1858	1.950	18.160	71.680	6.284
1859	2.703	27.060	104.012	10.730
1860	3.450	37.710	152.063	15.000
1861	3.900	42.925	176.206	18.020
1862	3.501	98.405	141.074	17.564
1863	4.013	40.361	158.632	19.071
1864	4.747	62.105	174.037	22.717
1865	5.326	78.778	196.234	25.156
1866	6.246	90.980	249.122	81.031
1867	6.823	128.435	284.910	41.610 (2)

(1) Une livre fait 25 francs.
(2) Depuis 1867, l'accroissement des affaires n'a pas cessé.

Ce n'est pas tout, ces énergiques travailleurs ont construit un nouveau *central store*, magasin central, au prix de 300,000 fr. Outre cela, ils ont de nombreuses actions dans *A-Flour Mill* (grenier à blé), qui leur a coûté 500,000 francs.

Ils ont d'autres actions dans une manufacture de coton, qui n'a pas coûté moins de 1,250,000 fr.

Dès 1850, ils fondèrent une boucherie coopérative. Aujourd'hui, ils y ont ajouté un abattoir, où ils ont tué en 6 mois 2,023 bœufs, veaux, moutons et porcs, ce qui représente un total de 347,881 k. de bonne et excellente viande.

Les ouvriers de Rochdale, d'Halifax et d'autres villes, ont le crédit des millionnaires sur la place, et autant qu'on peut avoir des marchandises non fraudées, eux et leurs familles vivent comme des seigneurs.

En 1852, pendant que la France se laissait égorger par Louis Bonaparte, en haine de la liberté et du socialisme, les ouvriers dont il est question fondaient tranquillement, protégés par les lois de leur pays, des ateliers coopératifs de tailleurs, de cordonniers, de chapeliers.

Leur prévoyance a été plus loin; ils ont voulu être propriétaires, dans ce pays où la propriété s'acquiert avec tant de difficultés. Ils ont créé et solidement établi des sociétés d'habitations, qui permettent aux plus rangés d'acheter de petites maisons dans des conditions très-avantageuses.

En 1867, leur boulangerie coopérative fut établie ; aujourd'hui, ils en ont une aussi de *houille* et ce n'est pas la moins utile puisqu'il faut du feu en hiver et en été dans les familles.

Enfin, il y a aujourd'hui quelques villes où la moitié de la population bénéficie des avantages des *cooperatives societies*.

Mais c'est surtout au point de vue de la sincérité du commerce qu'il faut se placer pour juger du bon effet de ce mouvement d'affaires.

Au marché, nulle défiance de la part de l'acheteur, car il ne peut y avoir ni fraude ni déception.

La femme pauvre est aussi bien servie que la femme riche. Il n'y a d'abord pas de marchandises à deux prix.

C'est comme ami que le vendeur et l'acheteur se rencontrent. Ce dernier sait qu'il doit payer ses provisions au comptant, l'autre a pour devoir de ne rien surfaire, comme le lui prescrivent les règlements de la société. Aussi, ces ruses, ces flatteries employées auprès des clients dans les boutiques, pour mieux les tromper, l'employé d'une coopérative société peut les ignorer totalement et il est sûr que personne ne lui adressera le moindre reproche, pas plus qu'on ne le menacera de le renvoyer.

Une coopérative société, c'est l'image de la République. On se conforme aux règlements, comme on doit se conformer à la loi, dans un État bien ordonné, où les citoyens ne sont esclaves ni d'un pape ni d'un monarque.

Ce qui honore doublement les ouvriers anglais, adonnés à ce mouvement partiel d'émancipation, c'est qu'ils ne négligent rien pour élever le niveau moral et intellectuel de la population.

Dans presque tous leurs statuts, on lit qu'une retenue de 2 ou de 2 1/2 p. 100 des bénéfices nets sera prélevée pour création d'écoles ou de bibliothèques, et ces engagements ne sont point lettre morte.

Un étranger, lorsqu'il a habité ce pays, doit la vérité à ses compatriotes. Eh bien ! l'ouvrier anglais, et ici je ne parle que de celui qui tente à s'émanciper du joug abrutissant du salariat, est sérieux; il parle peu, mais il dit seulement ce qu'il pense, et ce dont la réalisation lui paraît possible à un moment donné. Or, il vise non-seulement à changer les données économiques de l'école qui propage le *laisser-passer et le laisser-faire* en industrie, mais aussi à abandonner l'enseignement stupéfiant de la haute et basse église qui aboutit à former des exploiteurs, ou des suppôts de toutes les tyrannies. L'espoir de ces hommes courageux, fermes et dignes, est dans l'enseignement. Voilà pourquoi leurs écoles tendent à miner celles de l'Église.

Tenez-vous le pour dit, ouvriers français, leur énergie est supérieure à la vôtre. Jugez-en ! les villes s'emplissent d'écoles fondées par eux. Sans doute, elles ne sont point exemptes de reproches ; mais, lorsque des abus leur sont signalés, ils ne biaisent point, ils appellent les choses par leur nom ; cafard ce qui est cafard, calotin ce qui est calotin, et jésuite ce qui est jésuite, car le protestantisme a ses frères ignorantins comme vous avez les vôtres !

L'important, c'est de ne pas user sa vie en récriminations oiseuses et futiles, comme nous le faisons avec les indignes serviteurs de cette religion catholique et romaine qui nous préparent des instituteurs, des fonctionnaires publics et des députés, toujours prêts à violer les intérêts du peuple pour servir sans réserve ceux des impitoyables partisans de la papauté et du cléricalisme, à qui la liberté de conscience fait peur, ainsi que tout enseignement ouvertement et franchement laïque.

Il existe à Rochdale, à Manchester, à Leeds, à Birmingham, à Glasgow, et dans quarante autres villes, des bibliothèques importantes ; là depuis vingt ans ; ailleurs depuis dix, c'est dire qu'il

s'en ouvre tous les jours. Il faut songer qu'il y en a qui contiennent cinq, dix, vingt, trente mille volumes.

En plus, les cabinets de lecture reçoivent des revues, des magazines, des journaux politiques révolutionnaires et socialistes. Une des plus importantes distractions de l'ouvrier intelligent en Angleterre, c'est la lecture. La lecture le retient dans sa famille et l'éloigne par conséquent des tabagies et de tous les lieux publics, où les amusements sont grands, mais où ils sont aussi corrupteurs, lascifs et avilissants pour celui qui les fréquente habituellement.

Une des plus grandes causes d'abaissement du caractère français, est due à notre architecture. On frissonne d'indignation à la vue de tous ces établissements publics, si richement ornés et peints, pour attirer les oisifs et les ouvriers les dimanches et les jours de paye.

Cette tendance sensuelle qui nous porte à vivre en dehors de nos familles, est malheureusement celle de toutes les nations catholiques; elle a pris naissance dans nos églises, où règne le même luxe, les mêmes goûts luxurieux. C'est aux passions voluptueuses que le prêtre s'adresse, et puis, quand, de son église, elles font irruption dans nos salons modernes, dans les cafés chantants et dans les autres lieux publics, le prêtre tonne au prône contre la perversité humaine : les fidèles feignent d'écouter les conseils que le papiste leur donne, mais fort peu se promettent de changer leur goût et de devenir meilleurs.

Un mot maintenant de la coopération agricole.

Les grèves récentes des ouvriers de l'agriculture, leur désir de fonder des *trades unions* et des sociétés coopératives à l'instar de celles des ouvriers de villes, ont vivement préoccupé les possesseurs du sol en Angleterre.

Il ne faut pas qu'on s'y trompe, ce n'est pas, de la part des paysans, une idée nouvelle.

Pareilles tentatives ont déjà eu lieu, il y a environ trente ans.

Mais un mot de comparaison entre le sort du paysan français et du paysan anglais me paraît ici nécessaire.

Au moment où les valeureux républicains de 1792 firent restituer aux nobles et aux prêtres les terres qu'ils avaient extorquées pendant les dix ou douze siècles de leur domination, ceux de l'Angleterre perdaient à peu près la dernière parcelle de ce sol, qu'eux aussi ils avaient défriché de leurs mains et arrosé de leurs sueurs.

Voici comment s'opéra cette révolution à contre-sens qui a été un des scandales les plus inouïs de l'histoire.

Au temps où, par un coup d'audace à jamais heureux, le Parlement anglais secoua le joug de la papauté, c'est-à-dire sépara les destinées de l'Angleterre de celles de l'Église latine, le monde des couvents fut complétement dépouillé, la propriété passa des *mains spirituelles* *aux mains temporelles*. Alors il se forma une autre classe de propriétaires et de fermiers qui, en religion, va être protestante ; au point de vue civil, elle admettra ce principe que *la terre a des devoirs tout aussi bien que des droits*. Mu par ce principe, un parlement du seizième siècle proclamera le droit au travail, le droit au logement, le droit aux instruments du travail. (Loi 43, *Elisabeth*, C. 2.)

Par une autre loi, les propriétaires seront obligés d'ajouter, à chaque maisonnette, quatre arpents de terre et souvent beaucoup plus.

Pendant douze siècles, on ne dérogea pas à ces lois. Aussi, les paysans avaient fini par croire qu'ils en étaient les propriétaires réels, en payant une faible redevance pour leurs maisons, leurs jardins et leurs petits champs.

Mais, à partir du règne de George III,

en 1760, aux premières années de notre siècle, la dépossession du paysan alla si vite que M. Thorton, économiste estimé, a affirmé que pas moins de 3,625 bills, ou lois du Parlement, avaient autorisé les seigneurs à chasser les paysans. — Voilà donc ces derniers réduits à l'état de ganges, de serfs, de parias.

Les philosophes auront beau les plaindre. — L'Église y ajoutera ses conseils, ses prières, rien n'attendrira ces durs et impitoyables tyrans. — Le courant de la civilisation n'arrêtera pas non plus la dégradation morale de ces victimes de la barbarie des riches.

Vers 1837, il naquit, dans les rangs des paysans, un enfant qui devait être un homme distingué, George Loweloss.

Il apprit à lire et à écrire seul, et, à force de travail, il finit par acquérir un fonds d'instruction assez solide. — Ayant eu connaissance des *Trades Unions* de Londres, il y vint les étudier. A peine lui et six de ses amis ont-ils commencé leur organisation, qu'on les emprisonne, puis on les déportera. Mais le jugement avait été si inique, qu'ils furent réclamés par plus de 400,000 pétitionnaires.

Depuis ce moment, éloigné de nous de plus de trente ans, les paysans anglais avaient supporté en silence leur triste sort.

Honneur à eux! ils se sont réveillés. Les voilà qui joignent leurs forces à celles des ouvriers des villes. C'est un bon signe. Ouvriers et paysans doivent désormais s'avancer, la main dans la main, pour forcer la société bourgeoise à se montrer plus équitable à leur égard.

Vous allez voir que les sociétés coopératives et les sociétés en participation vont s'étendre jusque dans les villages de l'Angleterre. La loi de primogéniture révolte aujourd'hui la conscience publique. Son abrogation n'est plus qu'une affaire de temps en quelque sorte limité. J'en ai pour garant la solidité et l'obstination du caractère de John Bull. Il est lent à concevoir; mais, lorsque sa conviction est faite, il tient intrépidement à ses opinions.

En résumé, comment les ouvriers coopérateurs ont-ils procédé pour attirer vers eux les ouvriers non coopérateurs? Ils leur dirent :

« — Investissez votre argent chez nous. On vous donnera cinq du cent. Vendant au comptant, vous ne pouvez rien perdre. Ce qui restera de bénéfice sera divisé entre vous au marc le franc. »

Chacun comprit que si cent personnes investissaient 20 francs, il leur reviendrait 1 franc d'intérêt.

D'après ces conditions, il est évident que tous avaient le même intérêt.

En fait, l'ouvrier pauvre, avec une grande famille, se sentira attiré vers la coopération ; il comprendra qu'il est de beaucoup un meilleur client qu'un autre ouvrier gagnant un haut salaire, mais n'ayant qu'un petit nombre d'enfants.

Les familles les plus nombreuses, celles dont la position est précaire en toute saison, furent ainsi attirées vers les sociétés coopératives.

Nul n'aura intérêt à acheter des marchandises inférieures et à les vendre à des prix élevés, pas plus qu'on n'en aura à les falsifier ou à faire faux poids. Car tout ce qui est enlevé au consommateur par la fraude lui reviendrait encore comme un surcroît de profit.

Conduite avec grand soin par des hommes d'un caractère solidement trempé, cette manière de comprendre et diriger les affaires a conduit les ouvriers à de merveilleux résultats ; car Rochdale n'est pas un exemple isolé. A Halifax, les coopérateurs ont eu le même résultat. Leur nombre est même plus élevé. Ils sont aujourd'hui près de 7,000, et presque tous chefs de famille.

Des hommes qui avaient traversé la plupart de toutes les grèves, organisé les *trades unions*, les sociétés de secours mutuels, honteux et indignés d'être exploités par des gens inférieurs, sans talent, sans caractère, sans connaissance de leurs droits, firent un pas de plus vers leur affranchissement.

Jusqu'en 1859, les vaillants et honnêtes pionniers d'Halifax (ils sont cités comme des modèles de démocratie) restèrent dans un état assez précaire ; mais, à ce moment, la calomnie ne put plus rien sur eux. Leur nombre s'éleva à 220. Imbus des meilleures intentions, ils se dirent : nos statuts n'offrent pas d'avantages, revisons-les, l'intérêt de nos frères nous en fait un devoir. Cet acte de justice porta ses fruits : ils reçurent comme dividende **2** schellings par livre, plus le fonds de réserve et la somme laissée pour l'entretien de l'école ; en 1860, leur nombre s'élevait à 1093, avec un capital de 121,600 francs.

Bientôt après, les coopérateurs eurent onze succursales, plusieurs voitures pour transporter les marchandises et trois ou quatre magasins qu'ils avaient fait construire ou réparer, et dont plusieurs servent pour les greniers à grains et à farine. Je le répète, à quelque chose près, les coopérateurs d'Halifax font autant d'affaires que leurs amis de Rochdale.

Le lecteur comprendra que je ne puis faire ici l'histoire générale et complète des sociétés coopératives ; il y en a aujourd'hui plus de *sept cents* et toutes ont eu un commencement semblable aux deux précédentes.

Celle de Liverpool fut fondée en 1850 par trois ouvriers seulement.

Les deux sociétés de Manchester et de Salford le furent par une douzaine d'ouvriers qui s'étaient connus à une petite école du dimanche et dans une société de secours mutuels qu'ils avaient formée dans leur voisinage. Il n'y a guère d'exceptions pour les autres. Partout les ouvriers d'élite ont imité ces bons exemples ; aujourd'hui, je n'exagère pas en portant leur nombre à plus de 250,000, y comprenant ceux qui sont engagés dans les ventes de détail en boutique, dans le commerce en gros et dans les manufactures. Réunies, ces sociétés font pour plus de cent millions d'affaires par an.

Grâce au bon sens et à ce sentiment

inné qui est au fond de la nature humaine, le peuple anglais a changé les données économiques de l'école cupide et marâtre qui poussait à la division des classes ouvrières, et dont le chef Malthus avait osé dire : « Quand un homme est de trop au banquet de la vie, il doit disparaître. » Avec le triomphe des principes d'association, en germe dans tous les pays, il n'y aura personne de trop au banquet de la vie ; plus on sera, plus tôt la huche sera pleine, et moins d'heures on travaillera.

Moquez-vous des peuples où les familles sont nombreuses, touristes, dites qu'ils font des enfants par troupeaux ; vous devriez ajouter que là les mères les nourrissent tous, à moins de cas exceptionnels, et que dans les pays où elles n'en ont qu'un ou deux ce courage leur manque ; dans ceux-ci il faut des mercenaires, la plupart poussées à la débauche par leurs maris, pour allaiter les enfants : sachez seulement que d'un côté la moralité sauve la race et que de l'autre l'immoralité la perd.

Les sociétés coopératives ne sont pas du socialisme, disent les partisans du laisser-passer et du laisser-faire ; ils ne voient pas que cet aveu est la condamnation de leur critique ; sans doute ce qui paraît dangereux, extravagant dans un livre, ou dans la bouche d'un orateur qui parle pour flatter l'auditoire, cesse de l'être, lorsque de la théorie on arrive à la pratique.

Exécuter sa part de travail est un devoir obligatoire, forcé ; on retombe, malgré tout, dans l'individualisme ; là le danger des théories les plus extravagantes cesse : Suis-je un paresseux ? Mon énergie consiste-elle seulement en paroles ? Aussitôt les reproches m'accablent ; il faut que j'accomplisse ma tâche ou que je parte.

Cessons d'avoir peur des idées en France, c'est la peur qui paralyse le génie national ; oui, c'est elle qui nous gouverne, nous perd.

Donc, communistes, socialistes, mutuellistes, peuvent faire autant de bien à la société *at large*, si on leur laisse la liberté illimitée de parler, d'agir, que les honorables pionniers de Rochdale en ont fait en Angleterre au prix d'efforts gigantesques et surhumains. Il n'y a de nuisible dans un pays que les fainéants, les exploiteurs, et tous ceux qui cherchent à vivre du travail de leurs semblables.

La coopération et les *trades unions* ont rapproché des hommes qui, jusque-là, avaient vécu dans l'isolement le plus complet ; or, les hommes une fois réunis s'entretiennent non pas seulement de l'objet pour lequel on les a convoqués, mais de tout ce qui touche à leur condition morale et physique.

Aussi, il n'y a pas de grande coopération en Angleterre qui n'ait son école. Guerre à l'ignorance ! Le peuple sent que c'est par là qu'il est faible et que l'ennemi le prend. Donc, les ouvriers coopérateurs lisent beaucoup, et leurs lectures sont très-variées et jamais frivoles.

Les prolétaires sentent même qu'il

ne leur suffit pas d'étudier un sujet, ils aiment à généraliser, ils comprennent qu'ils doivent fournir à la société des artistes, des poëtes, des orateurs et des députés pris dans leurs rangs.

Quiconque ne songe pas à prendre part à la direction des affaires générales de son pays est un abruti.

On a vu que, jusqu'après 1830, c'étaient les maîtres qui faisaient de la coopération pour le peuple, et cela sous le vain prétexte, que si on le payait en argent, il se noierait dans la bière.

Aujourd'hui, les ouvriers donnent au pays l'exemple de la probité. Le commerce se fait plus honnêtement dans leurs boutiques que dans la plupart de celles des meilleurs commerçants.

Il y a vingt-cinq ans, les ouvriers anglais, comme ceux des autres pays, étaient embarrassés pour trouver des gérants, les capacités manquaient. Aujourd'hui, il s'en trouve un certain nombre dans chaque métier.

Après avoir organisé les sociétés de consommation, les ouvriers dirigent leur attention du côté des sociétés de production. Ici, se fera sentir le mouvement imprimé aux idées socialistes par la révolution de 1848.

III

LES SOCIÉTÉS OUVRIÈRES EN FRANCE.

Quiconque prendra la peine d'étudier avec soin les causes qui, sous l'ancien régime, plongèrent notre pays dans des guerres religieuses et civiles, aussi cruelles que barbares, trouvera qu'elles naissent de la même origine : la violation du droit de réunion et d'association.

C'est un fait malheureusement trop véridique qu'aucune nation catholique n'a pu, jusqu'ici, malgré son grand âge, fonder un régime de liberté pouvant donner aux citoyens une sécurité parfaite, et j'ajoute qu'aussi longtemps que la cause n'aura pas disparu, le mal qui nous ronge se perpétuera quoi qu'on fasse.

La première mesure à prendre pour un peuple, qui veut être maître de ses destinées, c'est de se donner une religion nationale ne relevant d'aucun chef étranger.

Aussi loin donc qu'on remonte dans notre histoire, on trouve que le clergé a inspiré les rois et les législateurs qui se sont le plus acharnés à combattre ce droit naturel.

Dès le quatrième siècle de l'ère chrétienne, on voit clairement que la population gauloise, qui ne doit pas être confondue avec celle qui suivit les Romains, ces grands et pervers maîtres d'esclaves, avait formé de puissantes corporations régies et conduites par les ouvriers eux-mêmes.

Ces corporations étaient, en un mot, des sociétés de secours mutuels et de résistance, connues en Gaule, dès la plus haute antiquité, sous le nom de conjurations ou sociétés fraternelles.

La double conquête entravera au profit de la centralisation et du despotisme ce mouvement de civilisation par la liberté. Ce ne sera pas l'affaire d'un jour que cette déviation du droit populaire. Les traces en subsistent toujours, car les papes se sont appliqués à souder, depuis, les anneaux de la chaîne que les empereurs romains avaient forgée.

L'Église, une fois maîtresse des sociétés, dès que Valentinien III, en 455, eut accordé le droit aux évêques de nommer le premier magistrat de la commune, ceux-ci commencèrent par détruire les libertés municipales, et en 658 un concile tenu à Nantes annihila, sous prétexte de vouloir les moraliser, les associations d'ouvriers.

Vers 772, Charlemagne n'en laissera subsister aucune.

On le voit, le pouvoir spirituel et le pouvoir temporel furent unis de bonne heure dans une haine implacable et mortelle envers le peuple et ses libertés.

Dès lors, torturer le serf, devint un passe-temps pour les bons dévots, ces piliers de l'église catholique.

On sait qu'à la plus petite faute, on les étendait, pieds et poings liés, sur une poutre, on leur faisait une distribution de cent vingt coups de houssine, de la grosseur du petit doigt, puis sans hésiter, on leur coupait les oreilles, on soulevait ensuite la pierre mobile d'un caveau, on leur passait une corde sous les aisselles, et ils étaient plongés dans les cachots appelés *Vade in pace* dans les monastères, et oubliettes dans les donjons.

Jusqu'au moment où les ouvriers eurent fait revivre leurs corporations, à la suite de nos immortelles guerres des communes, le bourreau fut un des personnages les plus illustres des temps féodaux.

En effet, il devait être bon catholique et de mœurs irréprochables. Le feu, l'épée, la fosse, l'écartelage, la roue, le sac, la hache, la fourche, le gibet, n'avaient point de secrets pour lui. Il savait aussi traîner, piquer, briser les dents, brûler les yeux, couper les mains, les pieds, le nez, les oreilles. Il savait démembrer, fustiger, rompre, flageller, écorcher vif; il savait bouillir, il savait rôtir finement et avec une savante lenteur.

Un mot de plus, et qui a trait aux ouvriers vigoureux. On leur vissait au cou le collier du servage, on y gravait le nom du maître avec ce mot: *J'appartiens*. Plus tard, lorsque l'ouvrier pourra se racheter, on le lui retirera. De là le proverbe : *Il est franc du collier.*

Tout cela n'empêchera point les historiens de la royauté et de l'Église de répéter sur tous les tons que le catholicisme a servi la civilisation. L'affirme qui voudra ; quant à nous, nous le nions de toute la force de notre raison, et de nos convictions républicaines.

Ce qui a le plus contribué à l'élévation morale de l'homme, c'est l'aide du temps d'abord, la famille, le toit paternel, l'échange, le commerce, les grandes découvertes scientifiques ; c'est la raison, en un mot, se prenant elle-même pour point de départ de toute étude et de toute morale.

N'est-on pas atterré, quand on songe que nous étions déjà arrivés au quinzième siècle de l'ère chrétienne, et que les paysans n'avaient point encore de noms de famille ? Les seigneurs et les prêtres leur donnaient des noms bizarres, des noms de fantaisie, comme on en donnait à un cheval, à un chien, ou à tout autre animal domestique.

Heureusement, les guerres des croisades, en envoyant périr au loin les seigneurs, ruinèrent en partie ceux qui restaient. Les classes ouvrières commencèent avec avantage, avec les guerres des communes, leurs premières tentatives d'affranchissement.

Ce qui frappe l'esprit en lisant l'histoire de nos ancêtres, c'est la formation spontanée, même avant le douzième siècle, de tous les corps de métiers, cherchant à vivre et à se développer à l'abri de règlements fixes, dans leurs corporations respectives.

Les fabricants de cierges et de chandelles, furent organisés en 1061.

Les porteurs d'eau, qui étaient peut-être les *Nautes* de la vieille Lutèce, le furent en 1121 ;

Les bouchers en 1134 ; les cordonniers en 1135.

Puis vinrent les grandes corporations des ouvriers du bâtiment.

Les historiens ont beaucoup admiré Étienne Boileau, à tort, selon nous ; sa pensée unique fut de soumettre la grande armée des travailleurs au joug de la discipline des couvents. C'est à partir de ce moment que les corporations cessèrent de se gouverner par elles-mêmes. Le grand prévôt ou le grand chambrier, qui leur furent imposés, avaient la haute-main sur toutes leurs délibérations.

C'en est fait, désormais, de la liberté des classes ouvrières. Les rois, à mesure qu'ils se succéderont, suivront cette politique machiavélique et perverse. Le peuple, pour échapper à cette savante tyrannie, se réfugia dans le compagnonnage, où il fut forcé de faire mystère de ses délibérations.

On ne forme pas ainsi chez un peuple une opinion publique; on est utile à soi-même, on n'est pas utile à autrui.

Sous le règne de François Ier, on déclare que les sociétés ouvrières sont subversives de la religion. Aussitôt on les dissout, et alors commence contre elles un système de persécution atroce.

Puis paraîtra, sous cet horrible Henri de Valois, l'édit de 1581, qui érige en principe que le travail est un droit royal ou domanial.

De réaction en réaction, on arrive à Richelieu. Celui-ci charge l'Église d'avoir soin du peuple. Quant à lui, il le comparait à des bêtes de somme. Le mot est dans son testament.

Puis vint la révocation barbare de l'édit de Nantes, où près de 400,000 citoyens furent chassés de France. Le coup fut d'autant plus fatal qu'il n'atteignit que ceux des ouvriers qui avaient des dispositions à organiser des sociétés séparées de l'État, c'est-à-dire ne relevant que de l'initiative individuelle.

Plus tard, Law voulut essayer de développer le commerce et le travail par la liberté. Ce fut un beau rêve qui dura trois ans. La France et sa population s'affaissèrent de nouveau. On redoubla de sévérité à l'égard des ouvriers. On leur défend de quitter leurs maîtres sous peine de prison. On invente le livret. Dès lors la police les eut tous sous la main. On alla jusqu'à défendre aux compagnons de tous les devoirs l'usage de la canne.

Lorsque la Révolution de 1789 éclata, il y avait en France onze sociétés de secours mutuels, fruit de l'initiative individuelle et des efforts des masses, tandis qu'en Angleterre il y en avait déjà plus de sept cents, toutes fondées et se maintenant en dehors de l'influence du gouvernement.

A cette mémorable date de 1789, qui fit sortir le peuple du tombeau où les

Bourbons l'avaient enseveli, ce dernier s'efforça, en voyant le jour, de marcher seul. Soudainement les ouvriers créèrent un nombre considérable de sociétés de secours mutuels ; mais, ici encore, l'ouvrier allait être entravé. Il n'y eut que deux hommes qui comprirent sa pensée : Robespierre et Marat. Le journal de ce dernier, *l'Ami du peuple*, soutint toutes les réclamations justes des travailleurs manuels.

Aussitôt les municipalités, toutes composées de patrons ou de riches négociants, car les droits du peuple n'y étaient représentés par aucun de ses membres, dénoncent et condamnent ce mouvement d'émancipation spontané, comme contraire à l'ordre et aux intérêts du pays, et, dès le 14 juin 1791, parut un décret qui condamna, comme illégales, toutes les réunions d'ouvriers.

Dès lors le peuple n'aura plus pour vivre d'autre perspective, dans ses moments de chômage, de maladie et de vieillesse, que les aumônes que les riches et l'Église voudront bien lui faire.

Ce fut un immense malheur pour la France que cette loi du 14 juin 1791. En plaçant le peuple en dehors du droit commun, elle le réduisit à l'état de caste de parias. Elle fit plus: cette loi donna naissance à ces haines, entre maîtres et ouvriers, qui nous ont été si funestes depuis, car elles sont cause et de nos révolutions et des invasions dont nous avons été si souvent les victimes.

Je ne veux pas être trop sévère envers les bourgeois de 1789. Leurs préiugés furent alors ceux de tout le monde. Chacun marchait ... de tout le l'avenir, comme chacun ignorait les moyens de faire triompher le droit populaire.

L'Assemblée législative et la Convention tranchèrent à leur façon la question ouvrière. Une loi du 24 mars 1793 organise les secours publics à la façon des anciens despotes. Une seconde, de 1794, abolit la misère par décret. Louable pensée, qui suffirait à elle seule pour honorer une époque, mais qui, malheureusement, était irréalisable, du moins par un semblable moyen.

Je ne parlerai point de l'empire. Le souvenir du livret, de l'article 1781 du Code civil et des articles 414, 415 et

416 sur les coalitions est présent à la mémoire de tous.

Cependant, vers 1812, les ouvriers, à Grenoble, tentèrent de fonder des sociétés en dehors de l'action de l'État. Mais le despotisme ne se marie pas avec la vraie liberté. Leurs tentatives échouèrent.

Sous la Restauration, époque de bigoterie religieuse et de liberté sournoise, on fit mine de protéger le compagnonnage, parce que les membres de ces assemblées occultes allaient à la messe et suivaient les processions. Pure simagrée, qui ne pouvait arriver à aucun résultat satisfaisant ; car, à cette même époque, un ministre, M. de Corbière, soutint que les sociétés ouvrières servaient de refuge aux ennemis du gouvernement, et on les supprima bel et bien, à la grande joie du monde clérical et légitimiste.

Vers 1827, les mutuellistes de Lyon et les ferrandiers reprennent la tradition des ouvriers de 1791. Ces deux sociétés saluèrent avec enthousiasme la Révolution de 1830.

Se croyant libres sous le gouvernement de Louis-Philippe, les ouvriers songèrent à entrer en pourparlers, dans une question de salaire, avec leurs maîtres. La question s'envenime, une émeute a lieu en 1831, et ces généreuses tentatives disparaissent dans le sang du peuple, mitraillé par les ministres de Louis-Philippe.

Alors, pendant toute la durée de ce

règne des d'Orléans, qui avait commencé par faire de si brillantes promesses au peuple, on le traita avec un amer dédain. L'oracle du règne, M. Guizot, plein de l'esprit dur et sec de sa caste calviniste, formula le programme de la monarchie de Juillet en deux mots : *Le travail est un frein.* Il semblait dire : Astreignons-y l'ouvrier ; tant que nous le tiendrons, accablé sous le poids d'un labeur assez long pour briser son corps, nous serons maîtres de ses pensées, de ses sentiments et de son intelligence.

Ce monstrueux programme biblique, qui n'était que la transformation détournée de l'autorité du droit divin, fut pratiqué, à la honte éternelle des doctrinaires, avec une froide cruauté. Suivez les travaux des ministres, des députés et des pairs de France, et vous vous convaincrez de l'opinion que nous soutenons ici, à savoir que, pour tous ces gens-là, l'ouvrier n'est digne d'aucun droit, d'aucune liberté.

Ah ! que nous avons mauvaise grâce, quand nous cherchons à nous montrer comme une nation généreuse, aimant l'humanité et tentant de réformer les vices de l'ancien régime ! La vérité est que nous ne voulons ni faire ni laisser faire. Quelles peuvent être, avec une politique peureuse, égoïste et haineuse, les destinées d'un peuple auquel on mesure la liberté comme l'avoine à un cheval ?

Ce peuple tenu ainsi en coupe réglée, ayant la bride au cou, ne peut être que le jouet d'une caste avide de richesse, de jouissance et de domination d'abord, et de l'étranger ensuite. C'est ce qui nous est arrivé cinq fois en un siècle, témoin la double honte de la guerre de Sept ans, la double honte des guerres du premier et du second empire.

Est-ce à dire que les hommes d'abnégation, de cœur et de dévouement ont manqué en France ? Loin de nous une pensée pareille ! Jamais pays n'a fourni un pareil contingent d'apôtres du progrès et il est juste de dire que cette armée de libres-penseurs a été plus nombreuse de 1830 à 1848 qu'elle ne le fut jamais à une autre époque de notre histoire.

Honneur à cette phalange des jeunes républicains qui ont noms Armand Carrel, Raspail, Godefroy Cavaignac,

Étienne Arago, Thomas, Bastide, Dupont de Bussac, hommes intrépides qui, pendant que les barricades étaient encore debout, arborèrent le drapeau de la France républicaine, que devaient arroser de leur sang les ouvriers de Lyon et de Paris, et plus tard des hommes de la trempe de Barbès, de Blanqui et de Martin Bernard !

A côté de ceux-là, il y en eut d'autres qui sondèrent jusqu'au fond les plaies saignantes et hideuses du prolétariat : Buchez, Saint-Simon, Fourier, Pierre Leroux, Cabet, Louis Blanc, Proudhon.

Jusque-là pas l'ombre d'une association dont l'initiative ait appartenu au peuple. Ses maîtres, les royalistes et les cléricaux avaient paralysé comme on l'a vu, ses efforts de génération en génération, et si on ne leur arrache pas la direction des affaires de ce pays trop confiant, ils les paralyseront jusqu'à la fin du monde.

Enfin, en 1831 et 1832, M. Buchez dont le nom ne doit point tomber dans l'oubli, soutient que l'association peut seule donner aux classes ouvrières le moyen d'en finir avec cette hideuse plaie du prolétariat.

Ses conseils ne tombèrent point dans les oreilles d'une population indifférente et idiote. Le 10 septembre 1831, un noyau de menuisiers d'élite s'associent. Ceux-ci ayant des vues larges et élevées ne demandaient à leurs camarades pour tout apport que leurs outils. Ce qui leur manqua, ce fut la pratique de la liberté et un gouvernement plus loyal que celui de Louis-Philippe, dont les fils sont encore aujourd'hui un si grand embarras pour l'avénement des principes républicains.

Trois années plus tard, une seconde association de bijoutiers se forma. Cette dernière dure encore; et, comme Prométhée sur son rocher, elle resta isolée au milieu de la France jusqu'en 1848.

Cependant quelques patrons, comme M. Leclair, entrepreneur de peinture, et M. Paul Dupont, imprimeur, associèrent les ouvriers pour une faible part à leurs affaires, excellent système; et la nation qui la première le généralisera par une bonne loi deviendra à n'en pas douter la plus riche et la moins sujette aux crises financières, aux perturbations économiques et enfin aux révolutions violentes qui secouent comme elle le mérite notre vieille Europe.

Enfin le trône de juillet s'écroule aux applaudissements de toute la classe ouvrière, et de 1848 à 1851 trois cents associations environ virent le jour.

De là grand bruit et grand tumulte de la part des classes moyennes qui avaient ignoré ou feint d'ignorer le mouvement imprimé aux esprits par les publications incessantes des hommes généreux que nous avons nommés.

Que vit-on alors ? c'est que les écrivains de la bourgeoisie, ses économistes, ses députés poussèrent un cri d'effroi. Ils ne voulurent voir dans cet élan des masses, cherchant à s'affranchir du joug de la royauté, qu'un moyen pour détruire la famille et la propriété, et ils préparèrent par une inconcevable folie, les voies au trône à celui qui restera dans notre histoire comme l'homme le plus vil, le plus abject qui ait jamais gouverné une nation, Louis Bonaparte.

Sans doute, on ne pourra mesurer de sitôt les bienfaits que l'association des travailleurs doit produire. Cependant, sans les exagérer, on peut affirmer qu'il en surgira un principe nouveau d'économie politique qui, pareil à celui qu'a produit la vapeur, changera la face du monde.

Oui, elle fut belle, elle fut grande, cette révolution de 1848 ! Ils étaient admirables de sagesse, ces ouvriers qui vinrent formuler la constitution de l'avenir, sur les bancs de la pairie au Luxembourg. Les débats qui avaient lieu chaque jour, montraient bien que le peuple, pendant la durée du règne de Louis-Philippe avait songé à son émancipation.

En effet, des ouvriers illettrés ayant du cœur et un grand amour de leurs semblables, osèrent pour la première fois, dans l'histoire, se porter candidats à la députation et une fois élus, montrèrent que la tribune, ce piédestal si dangereux pour certains ambitieux, ne les effrayait point.

Mais je l'ai dit, la France, dans un moment d'abandon funeste, se jeta dans les bras d'un fourbe, d'un assassin, d'un lâche. Alors, des cent associations issues du mouvement de 1848, il en resta quinze à peine. L'infamie de Louis Bonaparte couvrit l'infamie d'un certain nombre de gérants qui commencèrent à travailler pour eux. Il devint de bon ton de vilipender les républicains : eux seuls, parce qu'ils avaient été honnêtes, passaient pour des ignorants et des esprits médiocres.

A entendre les renégats, un génie puissant présidait aux destinées de la patrie. Dans ce dévergondage obscène de passions sordides et crapuleuses, il arriva que les associations n'eurent plus aucun lien entre elles. Le mouvement d'émancipation du prolétariat arrêté en France, passa à l'étranger.

Nous l'avons observé sur le sol britannique avec bonheur, car nous nous disions : Si la France s'abandonne, si elle abdique son rôle de puissance civilisatrice, le despotisme n'en sera pas moins miné, et à un certain moment, cet échafaudage de brigandage inouï s'écroulant, le peuple renaîtra à la lumière, à la vie morale, à la vie d'association, d'ordre et de famille.

Après le coup d'État, le peuple se divisa en trois courants parfaitement distincts.

Le premier et le seul honorable se maintint dans la tradition de 1789, de 1830 et de 1848. Jamais on ne vit ceux-là caresser le Palais-Royal, pour se faire admettre par des moyens de finesse détournée aux Tuileries.

Le second groupe ne crut qu'à ses intérêts. Il allait partout semer l'indifférence et le découragement, observant, comme le général qui ne veut point prendre part au combat, le moment propice pour opérer sa désertion ; ceux-là décourageaient les hommes de cœur disposés à reconquérir les libertés perdues.

Le troisième groupe pressé de jouir, ne croyant ni à l'empire, ni à la monarchie, ni à aucune religion, pas même à celle du devoir, passa du côté des plus forts, Darimon et Émile Ollivier en tête. Ce fut pour plaire à ce groupe d'esprits rampants que Louis Bonaparte versa cinq cent mille francs dans la caisse de la place des Vosges.

A ce moment il s'agissait pour l'empire ou d'entrer dans la période du déclin, ou d'attirer à soi le mouvement libéral qui commençait à se montrer exigeant.

On sait qu'il entre dans les vues des despotes de caresser, après l'avoir étouffée, la liberté. En 1862, Louis Bonaparte pressa les délégués des corporations ouvrières de se rendre à l'exposition de Londres. Ceux-ci n'eurent pas de peine à se convaincre de la supériorité de la législation du travail dans ce pays sur celle du nôtre. On leur promit, et certains le crurent, qu'on allait rendre le droit de coalition et d'association à la France. Ce fut un leurre, un mensonge, et la popularité de Darimon et d'Émile Ollivier s'y usa tout aussitôt.

Les mêmes ouvriers acquirent aussi

la certitude que les Sociétés coopératives florissaient sur divers points de l'Angleterre. Aussitôt l'idée s'en répand en France comme une traînée de feu. Bonne aubaine pour les coureurs de popularité ! Avant même qu'elles eussent donné des signes de vitalité un peu certains, un comité directeur s'établit. Ce qui devait arriver était facile à prévoir. Les nouvelles Sociétés coopératives, au lieu d'inspirer les actes du comité, furent inspirées par lui, — l'ordre était renversé, — c'est la plus dangereuse des dictatures.

Le journal *la Coopération*, fondé en novembre 1864, endosse cette grosse erreur. Il se met en campagne pour quêter les noms les plus connus du parti républicain , croyant par ce moyen activer le développement des

Sociétés coopératives, tandis qu'il pré-
parait leur ruine avant même qu'elles
eussent vécu.

Pour les habiles de l'empire, encou-
rager ce mouvement leur semblait un
bon moyen pour détourner la pensée du
peuple de la politique. Aussi s'empres-
sèrent-ils, dès la fin de 1865, de faire
deux choses que la bande impériale
considérait comme très-flatteuses pour
le peuple.

Par la première, des ouvriers vains,
infidèles et traîtres envers leurs camarades, rédigèrent un manifeste où on
lit cette phrase qui en domine toute la
pensée :

« Sire, laissez-nous illustrer le règne
de Napoléon III, par la fondation des

Invalides civils. La démocratie déser-
terait la cause qu'elle défend, si sous
les inspirations généreuses de Votre
Majesté, elle n'apportait, avec ses
théories humanitaires, un concours
actif et matériel au développement de
nos institutions sociales. » ·

Et quelques jours après, trois cents
délégués se disant autorisés à parler
au nom du peuple se réunirent dans
une des salles de l'ancien hôtel de
Jacques Laffitte, sous la présidence de
M. le marquis Du Planty.

Comme l'ombre de Laffitte dut tres-
saillir dans sa tombe en entendant le
comparse de Bonaparte, lui, le grand
et illustre patriote qui se ruina deux
fois en 1815 et en 1830, dans l'intérêt
des libertés de son pays !

Enfin, M. le marquis prit la parole, et dit :

« *Messieurs et chers camarades*, les anciens marquaient les jours heureux d'une pierre blanche, les jours malheureux d'une pierre noire.

« L'avenir nous dira de quelle couleur sera la pierre avec laquelle nous devrons marquer le dimanche 12 novembre 1865.

« Mais si j'en crois mes pressentiments, cette pierre sera blanche, très-blanche et pure comme nos intentions. »

Ici nous pourrions nous livrer à de douloureuses réflexions ; mais le lecteur les fera lui-même. Il saura se demander si la pierre bonapartiste sera noire ou blanche. Famille maudite, famille exécrable! qui a commencé sous le règne de l'oncle et celui du prétendu neveu, par exciter les haines de classes entre Français; puis, pour assouvir son insatiable désir de pouvoir et de richesses, les a mitraillés dans les rues, exilés dans tous les coins du monde, et a fini par attirer trois fois l'ennemi sur le sol du pays !

Par la seconde, les bonapartistes songèrent à ouvrir avec une grande solennité une enquête sur les moyens propres à assurer le développement des sociétés coopératives.

L'oracle du règne, Son Excellence M. Rouher, aidé de l'illustre M. Darimon, tint à honneur de la présider.

Un questionnaire fut dressé à cet

effet. Ici la superchorie, la faussté des gens de l'empire, éclatent au grand jour. Appela-t-on les intéressés à rédiger ce programme? pas le moins du monde; il sortit tout d'une pièce du cerveau de ce ramassis de parjures, qui pour s'enrichir, et se faire donner hôtels et châteaux, soutenaient les intérêts d'un plus grand traître et d'un plus grand parjure.

Les voilà donc parfaitement à leur aise pour diriger les débats. Jamais on n'entendit, dans des discussions de ce genre, des mots plus sonores. Dans l'exposé des motifs du projet de loi, relatif aux sociétés, se trouvent des phrases comme celle-ci, empruntée à un auteur du dix-septième siècle, Ulpien. « Les sociétés *sont louables, parce qu'elles ont beaucoup de rapport avec la fraternité.* »

Voilà où en sont réduits les hommes lorsque la simple vérité leur fait peur; ils s'imaginent que la modification ou la suppression d'un article du Code de commerce peut rendre à un régime basé sur le mensonge, la sécurité dont les citoyens ont besoin pour vivre en paix.

Erreur ! les sentiments moraux, les lois éternelles de la justice ne s'arrangent point de ces calculs infâmes. La force peut bien se substituer au droit, l'anéantir ne lui est pas possible. La nature, comme l'a dit l'homme le plus illustre que nos révolutions et nos assemblées parlementaires aient produit, Robespierre, l'a gravé au fond du cœur de chacun, et tant que les priviléges de propriété, d'héritage et d'enseignement existeront, l'homme se révoltera contre le sort que les despotes et les tyrans lui ont créé.

Cette enquête ne fut qu'une moquerie. Les ouvriers le comprirent. A partir de ce moment, ils ne se contentèront plus d'un semblant de liberté, ils la voulurent tout entière.

Aussi, les questions sociales étouffées par le coup d'État surgirent-elles comme par enchantement du sein de toutes les corporations. L'Internationale sortit de ce mouvement qui vit naître, comme en 1840, la presse populaire. On a beau maudire l'Internationale par en haut, on la regrettera toujours par en bas. Eh quoi ! les prêtres auront l'Internationale noire ; les rois, l'Internationale armée, et les prolétaires, arrivés à une époque où brillent toutes les sciences, où s'exaltent les droits de chacun, demeureraient désarmés ! C'est là un calcul par trop dérisoire, et il y aurait folie à l'accepter. Qu'on le croie ou qu'on ne le croie pas, notre siècle est le siècle des ouvriers.

Jamais, en effet, la société ne leur avait accordé autant de confiance, ni autant de considération.

Les ouvriers se montreront-ils dignes de l'opinion que les esprits élevés et les cœurs généreux se font sur leur compte? Ceux qui vivent de leur vie,— et qui connaissent leurs pensées les plus intimes, — n'en doutent pas.

Il y a, aujourd'hui, de soixante-dix à quatre-vingts associations dans Paris, et après le coup d'État, nous l'avons dit, il n'en restait plus que quinze.

Nous ne parlerons ici, par suite de

notre cadre si restreint, que des plus importantes parmi celles de dates récentes. Des hommes dignes de foi nous ont fait le plus bel éloge de la conduite des ouvriers marbriers. Ils se sont recrutés, au nombre d'environ trois cents et si les sentiments d'honneur en politique et en affaires, qui animent leur gérant, Avez, sont partagés par tous, il ne faudra pas vingt ans à cette corporation, pour abolir chez elle les derniers vestiges du prolétariat.

Leurs statuts, que j'ai sous les yeux, montrent à quel degré de connaissance et de bon sens pratique sont arrivés de simples travailleurs ; ils ont adopté le principe du non-remboursement du capital, — et c'est fort bien. Ils ont bien fait aussi de songer à conserver parmi eux les veuves et les enfants d'un associé décédé. Cette idée de solidarité dans le malheur, du jour où elle sera adoptée par toutes les associations ouvrières, mettra fin à de cruelles misères. — Agissez dans cette voie, travailleurs ! C'est la plus belle manière d'honorer la mémoire de ceux qui joignirent leurs efforts aux vôtres pour assurer le triomphe de votre émancipation.

Nous ne pouvons, dans un travail malheureusement trop limité, que mentionner les noms des associations qui prospèrent de nos jours.

Il y a d'abord les tailleurs de la rue Turbigo, ouvriers habiles, républicains éprouvés;

Les facteurs de pianos;

Les menuisiers en fauteuils, en voitures ;

Les peintres, les doreurs ;

Les fabricants de limes, vieille association à laquelle a appartenu, si ma mémoire ne me fait pas défaut, mon vieil ami Giland, la plus belle intelligence qui soit sortie des rangs des classes ouvrières;

Les instruments de musique ;

Les lithographes, les imprimeurs ;

De nouvelles associations de maçons, de charpentiers, de menuisiers (1).

(1) Voici, d'après la *République française* du 29 décembre 1872, la liste et l'adresse des sociétés coopératives ouvrières de production fonctionnant à Paris :

Ameublement, rue du Chemin-Vert, 106.
Brossiers, rue du Vertbois, 64.
Cordonniers, quai Valmy, 71.
Ferblantiers et lampistes, rue de Bondy, 70.
Imprimerie générale, rue du Faubourg-Saint-Denis, 19.
Imprimerie nouvelle, rue des Jeûneurs, 14.

Ces groupes sont tous solidement constitués. Un avenir brillant les attend. Il n'y a pas à mettre en doute que la France va continuer à marcher dans

Immeuble (Épargne immobilière), rue d'Arras, 3.

Instruments de musique, rue Saint-Maur, 45.

Limes, rue Henri-Chevreau, 32.

Limes, rue des Gravilliers, 48.

Lithographes, quai Valmy, 21.

Lunetiers, rue d'Anjou, au Marais, 6.

Marbriers, rue Saint-Maur, 63.

Maçons et tailleurs de pierre, rue des Écoles, 6.

Meubles sculptés, rue Amelot, passage Saint-Pierre, 8.

Menuisiers en bâtiment, rue de Lourcine, 28.

Opticiens, rue Pierre-Levée, 9.

Peintres en bâtiment, rue Sedaine, 56.

Facteurs de pianos, rue des Poissonniers, 54.

Tailleurs d'habits, rue Turbigo, 33.

La liste qui précède est inscrite sur un ta-

les voies de la civilisation à la tête des
nations européennes. Sa défaite ré-
cente n'implique pas sa dégradation
morale. Ses revers sont dus à un acci-
dent, à **un** crime de son gouvernement

bleau placé dans le local des diverses associations ouvrières.

Il ne faudrait pas supposer, de la liste de
ces vingt associations coopératives, qu'il n'en
existe pas un plus grand nombre à Paris. Il y
en a près du triple. Mais il s'agit d'indiquer
celles qui peuvent vendre directement au
consommateur; les autres fabriquent pour les
commerçants et vendent en gros.

Ces vingt associations ont fait preuve d'intelligence en s'entendant pour faire des car-
tes collectives d'adresses. Mais il ne faut pas
qu'elles s'en tiennent là. Elles doivent au plus
vite étudier les moyens de créer une ou plusieurs maisons où les produits de chacune
d'elles seraient exposés. De la sorte, le consommateur ayant à se fournir auprès de trois
ou quatre d'entre elles n'aurait plus qu'une
seule course à faire.

qui l'a livrée, comme une proie, à plus d'un million de soldats fortement disciplinés et armés. Ce malheur, nous le réparerons, car la République, que tout homme honnête et laborieux désire, en prend l'engagement formel. Ayons conscience de notre valeur, de nos qualités d'hommes sobres, rudes au travail, et avant peu les peuples envieront nos institutions, et comme en 1792, ils nous proclameront leurs libérateurs. Pour qu'il en fût autrement, il faudrait que nous n'eussions pas le courage de laisser à l'écart, au jour prochain des élections générales, les partisans de la royauté et de l'empire !

Il se fait un autre mouvement au sein des ateliers, moins radical peut-être que celui qui tend par l'association à faire disparaître cette honteuse distinction de maîtres et d'ouvriers, et qui, cependant, a une très-haute importance au point de vue politique : je veux parler de l'organisation des chambres syndicales.

Les chambres syndicales sont une imitation des *Trades unions* de l'Angleterre.

Il est regrettable que les ouvriers français n'aient pas eu cette pensée trois quarts de siècle plus tôt, comme l'eurent alors nos voisins d'outre-Manche.

Sans vouloir déprécier le mérite de ces derniers, j'ai la conviction profonde qu'ils eussent servi avec plus de profit la cause générale de l'émancipation des travailleurs. C'est la bourgeoisie qui a paralysé leurs efforts, en s'obstinant à violer de génération en génération le droit de réunion et d'association. Son obstination et son aveuglement seraient même incompréhensibles si on ne savait que ce défaut d'intelligence, qui l'a portée à méconnaître des libertés aussi nécessaires, tient aux mœurs et aux habitudes que l'église catholique a imprimés au caractère français.

Les chambres syndicales ont beaucoup à faire avant d'exercer dans les rapports entre maîtres et ouvriers une influence égale à celle que les *Trades unions* exercent en Angleterre. D'abord il importe qu'elles se généralisent. Les premiers arrivés doivent faire une propagande incessante pour attirer à eux les retardataires. Le second point qu'elles ne doivent jamais perdre de vue, c'est d'arriver à former séparément un gros budget et cela est facile. Si chacun tient à honneur de payer régulièrement sa cote part, en moins de cinq ou six ans les ouvriers seront étonnés eux-mêmes de leurs succès. Les Anglais ont des millions à leur service en cas de grèves ; et qu'ils ne s'imaginent pas qu'ils n'auront pas d'immenses sacrifices à s'imposer, le jour où ils voudront fermement réduire les heures de travail ou empêcher qu'à la moindre crise on ne cherche à diminuer leurs salaires.

Si on a pu dire que l'argent était le nerf de la guerre, on peut soutenir avec non moins de raison qu'une corporation, sans une forte réserve en capital, est complétement inutile aux travailleurs dans les nations vouées à l'industrie, où les crises sont si fréquentes, et où la concurrence devient chaque jour plus pernicieuse.

Je voudrais bien connaître le moyen de faire passer dans les habitudes du peuple français, cet esprit d'ordre, de persévérance et de ténacité, qui est la qualité dominante de John Bull.

De ce côté, il y a énormément à faire, et la chose sera d'autant plus difficile que l'intelligence déliée de nos ouvriers leur est souvent nuisible. Je m'explique : trop souvent ils prennent leurs espérances pour des réalités. La vie pratique, la vie de tous les jours dans un milieu où il y a tant de combattants demande à chacun de grands et immenses efforts. Souvent une génération passe sur la terre, sans recueillir autre chose en récompense de ses luttes que des ennuis, des souffrances, des humiliations et des misères. Voilà ce dont il faut bien se pénétrer si on veut se faire une idée des devoirs qui nous incombent.

Poursuivre une pensée et ne jamais la perdre de vue constitue, pour un pays comme pour un individu, la plus grande et la plus invincible des forces.

Je considère donc jusqu'ici les chambres syndicales comme n'existant pas. Elles sont en voie de formation. Je reconnais qu'il y a un grand désir de la part du peuple à vouloir les consolider ; et comme les ouvriers deviennent de plus en plus convaincus qu'ils n'ont qu'à compter sur leurs efforts, leur courage et leur intelligence, nous ne désespérons pas de les voir arriver à un grand degré de puissance.

Pour cela, il y a tout lieu de croire que les élus des corporations, les comités dirigeants auront conscience à la fois de leur devoir, de leur utilité et de leur importance.

On parle de l'abolition du capital. C'est par son propre capital que l'ouvrier arrivera à se passer du capital d'autrui. S'il y a des classes dans nos sociétés qui peuvent se rendre indépendantes, ce sont les ouvriers; et pour cela ils n'ont qu'à vouloir, qu'à secouer leur torpeur. En effet, j'ai déjà dit dans mon *Histoire des classes ouvrières en Angleterre* (1), et je ne crois pas

(1) En vente chez Lachaud, 4, place du Théâtre-Français.

m'être trompé, que, quand les travailleurs ont un but commun, bien tracé,
bien défini, la volonté et le caractère
jouent un rôle immense dans nos sociétés, c'est ce rôle de la volonté humaine
qui limite la part que les maîtres donnent, et que les ouvriers reçoivent.

Qu'arrive-t-il là où il n'y a pas d'en-
tendement, là où les ouvriers sont
isolés, là où le gouvernement pour
s'appuyer sur une classe au lieu de
s'appuyer sur toutes, supprime le droit
d'association et de réunion? A l'instant
l'ouvrier devient esclave. Cela ne peut
faire l'objet d'un doute ; s'il murmure,
on le renvoie ; s'il s'associe pour faire
grève, on l'emprisonne. C'est bien alors
qu'on peut lui prodiguer toutes les du-
retés. Rien n'est plus facile que de lui
imposer une journée de douze, et même

quatorze heures de travail pour un salaire insignifiant. Il faut qu'il accepte. Dans le cas contraire, sa femme, ses enfants, sont exposés à toutes les tortures de la misère et de la faim. Le vol et la prostitution, voilà leur dernière ressource; puis, comme conséquence naturelle, la prison ou le bagne, ou quelquefois même la guillotine; trois ou quatre de mes amis d'enfance, avec qui j'ai servi les maçons, ont eu ce dernier et lamentable sort.

Revenant à la question du capital, si nécessaire à chaque chambre syndicale, comment les ouvriers anglais s'y sont-ils pris pour s'élever à ce degré de considération auquel ils sont arrivés dans leur pays, pays qui n'est pas, qu'on le croie bien, excessivement sensible aux misères des travailleurs?

Pour ne remonter qu'à l'année 1850, les ouvriers mécaniciens eurent à soutenir une grève qui leur coûta 1,272,625 francs. Ils s'endettèrent de 250,000 francs. On les croyait bel et bien ruinés. Ils employèrent pour se relever un moyen qui ne pouvait faillir.

A l'instant les hommes de Manchester se dirent : Nous avons été vaincus par notre faute. Cette défaite ne nous serait point arrivée, si au lieu d'avoir lutté isolément nous avions été unis à tous nos camarades de l'Angleterre exerçant notre métier. Que nous reste-t-il donc à faire, sinon à étudier les moyens de centraliser nos efforts ? L'entreprise, facile à concevoir, présentait bien des difficultés dans l'exécution; néanmoins, ils se mirent à l'œuvre. Le comité dirigeant envoya une circulaire dans toutes les villes des trois royaumes unis, et même dans les colonies les plus éloignées de la métropole. Là de petites réunions surgirent aussitôt, et lorsque les moyens pratiques furent suffisamment connus et préparés, chaque corporation nomma un ou plusieurs délégués. Alors il y eut une réunion générale, sorte d'assemblée qui eut pour attribution le vote d'une constitution fédérative à laquelle chacun promit obéissance, et à l'honneur de cette intelligente population, les engagements contractés ont été maintenus.

Il y a quelques années la société des mécaniciens comptait 37,000 adhérents divisés en 320 branches ; elle avait un revenu de 1,892,800 francs, et un fonds de caisse de 2,883,925.

Les menuisiers, les charpentiers, les

tailleurs de pierre, les maçons, les tailleurs d'habits, les fondeurs, les ouvriers des manufactures de coton, de laines, de draps, et autres, ont une organisation analogue à celle des mécaniciens. Moins d'argent en caisse parce qu'ils sont moins nombreux, mais les avantages sont les mêmes pour les membres de ces dernières corporations.

Il faut qu'on sache bien qu'il y a une solidarité parfaite entre les ouvriers du même corps d'état dans toutes les villes de l'Angleterre. Que diraient les monarchistes, en France, s'ils se trouvaient dans un milieu pareil? Ils remueraient ciel et terre jusqu'à ce qu'ils aient trouvé quelque général sans honneur, voulant bien, pour leur compte, fusiller et mitrailler la population.

Écartons donc de notre esprit, pour

le bonheur de chacun et la sécurité du pays, ces frayeurs imaginaires que nous inspire le plus léger tumulte d'une réunion publique.

Là où règne une grande liberté, règne aussi une grande sécurité.

Ce qui contre-balance les dangers des grandes réunions publiques, c'est que les chefs d'industrie, les entrepreneurs de tout genre imitent la conduite des ouvriers. Il y a là un grand avantage. Tous les hommes actifs, intelligents et besoigneux se meuvent, se passionnent à la fois : chacun cherche le moyen de ne pas sombrer dans la lutte. De là une grande activité dans les esprits. Des affaires colossales entreprises avec un outillage plus complet offrent ensuite des bénéfices considérables à ceux mêmes qui, au début d'une grève ou d'un *Look-out*, auraient très-bien fait fusiller le peuple.

Je suis loin de partager l'avis de ceux qui croient que les grèves survenues en Allemagne par exemple, et surtout à Berlin, annoncent des embarras sérieux pour nos ennemis. C'est le contraire qui est vrai; tenez pour certain que ces luttes ouvertes entre patrons et ouvriers sont toujours un avertissement heureux pour un pays, quand les classes gouvernantes sont tant soit peu perspicaces.

Gardons-nous bien d'entraver l'œuvre entreprise par les corporations de Paris. Il faut que les chambres syndicales arrivent à une parfaite organisation dans toutes les villes de France. Si je me flattais d'être habile en économie politique, on se moquerait de moi et on aurait raison. Cependant, si j'avais l'honneur d'être reçu un jour en audience particulière par M. Thiers, qui est patriote et très-français comme chacun sait, il me semble que je modifierais ses opinions et que je l'amènerais à regretter les mesures que son gouvernement à prises relativement à la Société Internationale.

Je suis convaincu qu'il n'y a rien à espérer de la commission d'enquête, ni de la majorité de l'Assemblée actuelle. Mais le premier devoir de la prochaine Assemblée, sera de reviser immédiatement toutes les lois qui entravent en France la liberté de coalition et de réunion.

Avisons donc à ce qu'il y a à faire pour établir de bons rapports entre toutes les classes qui cherchent à vivre d'un travail honnête ; des lois pour favoriser l'association entre maîtres et ouvriers, à côté des associations exclusivement dirigées par le peuple, produiraient en peu de temps d'excellents résultats.

Nous travaillons dans nos mines, dans nos manufactures, dans nos ateliers avec un capital trop restreint. Il faut introduire partout la participation. Là où des essais de ce genre ont été tentés, les industriels eux-mêmes n'ont eu qu'à s'en louer; nous avons déjà parlé de M. Leclaire; n'est-il pas arrivé à une grande fortune, en divisant certains profits entre ses ouvriers?

La compagnie des chemins de fer d'Orléans qui a organisé ses employés en société coopérative n'en est-elle pas satisfaite ?

Mais c'est en Angleterre, où les sociétés en participation rendent aux classes laborieuses des services signalés. Les premières tentatives en furent faites à la fois en Irlande et en Angleterre, dans l'agriculture vers 1830. Un propriétaire, M. Gordon, émit des actions à 75 francs; elles montèrent rapidement à 1,250 francs, c'est-à-dire à plus de seize fois leur valeur primitive.

Dans l'industrie, le même fait eut lieu vers 1852; les grèves avaient en quelque sorte ruiné M. Briggs, un maître mineur, habitant à Whitwood, dans le comté du Yorkshire. Soudainement dans une soirée de l'année 1852, l'idée lui vint en lisant un article de journal d'associer des ouvriers à son entreprise. La première année les bénéfices furent de 14 p. 0/0 ; il en garda

12 et les ouvriers, au prorata de ce qu'ils avaient fait, en reçurent 2. La deuxième année ils furent de 16, les ouvriers en eurent 3. La troisième année ils s'élevèrent à près de 18 et le partage suivit la même proportion. Les actions qui étaient cotées à 250 francs s'élevèrent à près de 475.

Après M. Briggs, vint M. Greening, un très-grand maître de forges; puis M. Fox, M. Head; à Halifax, les trois frères Crossley, qui ont converti leurs immenses manufactures en une *Joint Stock association.*

On parle du mal que font les grèves aux maîtres et aux ouvriers; le moyen qu'il n'y en ait plus est tout trouvé: entrons résolûment dans les voies de l'association et de la participation. Les ouvriers ne feront pas grève. Où a-t-on vu, en effet, que des hommes intéressés dans une affaire se soient révoltés contre eux-mêmes? Pourquoi? parce que, alors, la cause qui engendre ces luttes acharnées entre ceux qui meurent de faim et ceux qui meurent d'indigestion a cessé.

A ce moment, le travail aura pris la haute main sur le capital. Jusque-là, il y aurait folie de la part du peuple à ne pas continuer ses luttes, à ne pas organiser ses forces pacifiques. Je vais plus loin : ceux qui restent indifférents pendant que les grandes batailles de la misère se livrent, manquent à tous leurs devoirs.

Carlyle, un des plus grands écrivains de ce siècle, a dit, il y a trente ans, que la grande question, pour le dix-neuvième siècle, c'était l'organisation de l'industrie. Le siècle s'écoule, l'œuvre n'avance guère. La France, par peur de la liberté et de la République, a laissé passer une occasion qui pouvait la placer pour toujours à la tête des nations civilisées. C'était le mouvement de 1848. A cette époque, les mœurs étaient un peu moins corrompues qu'aujourd'hui. Les ouvriers étaient dans d'excellentes dispositions; la question sociale était bien posée, il n'y avait plus qu'à débattre les moyens pratiques. De tous les hommes politiques de ce temps, il n'y en avait pas un plus ennemi de la violence que Louis Blanc; pour s'en convaincre, il n'y a qu'à lire ses discours, qui sont au *Moniteur*; on n'y trouvera que des paroles de conciliation et de hautes pensées qui appelaient, de la part des hommes instruits et amis de la liberté, de sérieuses et fortes discussions. Mais, hélas ! on ne vit pas, on ne voulut pas voir que la discussion, dans le domaine des idées, était la seule loyale et la plus sûre pour guider la marche du pays.

Pour le malheur du peuple et de la France, la tourbe impure des calomniateurs, des jésuites et des traîtres l'emporta sur les hommes de devoir et de raison. Paris, égaré par les odieuses brochures de la rue de Poitiers, cénacle des royalistes, ferma les yeux sur ses véritables intérêts. Enfin, un monstre, dans un guet-apens ténébreux, emprisonne les représentants fidèles à la liberté, assassine, exile, déporte, en moins d'un mois, près de 80,000 républicains, et traite la France en pays conquis.

IV

AVENIR DE LA COOPÉRATION

En résumé, quelle doit être la conduite du peuple dans nos temps d'agitation et de tourmente politique et révolutionnaire?

Il doit insister sans relâche pour qu'on lui rende toutes ses libertés.

Tant que la loi sur les coalitions ne sera pas abrogée, le peuple restera dans l'état du prisonnier à qui on a passé la camisole de force.

On parle beaucoup du mandat impératif. Voilà, selon nous, une question qui doit être posée à ceux qui vont briguer l'honneur de la députation. Avec le droit absolu de réunion, de coalition, si le peuple montre du courage, de la volonté, sa position s'améliorera rapidement.

Nous avons dit, dans notre *Histoire des classes ouvrières en Angleterre*, que l'Angleterre était le pays du socialisme pratique par excellence.

En effet, les capitaux s'associent, les commerçants s'associent, le peuple s'associe. Oui, dans ce pays, mélange de démocratie radicale et d'oligarchie aristocratique, il n'y en a pas moins, d'après des statistiques qu'on peut croire exactes, 76 citoyens par 100 d'associés, pendant que ce nombre ne serait que de 7 en France.

Mais la tâche la plus pressante pour le peuple, celle qui est appelée à l'affranchir tout à fait, ce serait de former, dès à présent, une société qui prendrait le nom de société des candidatures ouvrières.

Pour battre en brèche, d'une façon intelligente et sûre, le prolétariat, il faut que, dans toutes les villes de France, des hommes du peuple mettent, pour condition à leur vote, qu'une place sera laissée sur les listes à quelques-uns des leurs.

Je sais qu'il y a une portion de la bourgeoisie qui, quoi qu'on en dise, n'a jamais trahi la cause du peuple; mais elle la trahirait aujourd'hui, si elle refusait d'accepter une alliance basée sur ces conditions.

Donc, aux chambres syndicales d'aviser. C'est sur ce point que les délégués appelés à former les comités électoraux doivent recevoir un mandat impératif.

V

UN SOUVENIR DE 1848.

Nous allons transcrire un projet de statuts, ancien déjà, tout en nous gardant de le proposer comme un modèle à suivre les yeux fermés.

Une fois le principe admis, les ouvriers de chaque corporation sont toujours les meilleurs juges des changements à introduire dans les règlements intérieurs de leurs contrats.

Ces statuts doivent rappeler aux ouvriers de notre temps les tendances d'esprit où l'on était en 1848.

Ils portent la signature d'une femme

d'un grand cœur et d'une haute intelligence, trop oubliée de nos jours, ma-
dame Jeanne Deroin. J'ajouterai que
nous n'avons pas connu, dans la proscrip-
tion, une seule personne qui ait supporté
avec plus de dignité son sort que cette
noble martyre, qui semble s'être fixée
définitivement en Angleterre, où elle vit
entourée de l'affection de ses enfants,
pour lesquels son amour semble grandir
à mesure que l'âge lui rend la vie plus
dure et plus pénible.

Une autre signature, c'est celle du
bon, du vertueux Delbrouck, mort
après avoir si noblement accompli son
devoir pendant le siége.

On se rappelle la lettre si pleine
d'abnégation, si fière, par laquelle l'ar-
chitecte Delbrouck refusa la croix de la
Légion d'honneur des mains du général
Trochu.

Espérons qu'il se trouvera quelqu'un pour écrire la vie de cet homme de bien.

Voici les statuts de l'*Union des associations fraternelles*, rédigés en 1849 :

CHAPITRE PREMIER

Formation, dénomination, objet, siége et durée de la Société.

ARTICLE PREMIER.

Il est formé, entre les Associations fraternelles du département de la Seine, qui adhèrent ou adhéreront aux présents statuts, une Société commerciale en participation, qui prend le nom de *l'Union des associations fraternelles*.

En conséquence, toutes les associations fraternelles du département de la Seine seront régies par les mêmes statuts ; mais chacune déterminera les règlements particuliers, qui varieront selon les diverses professions. Le nombre des associations et des membres de chaque association est illimité.

ART. 2.

Cette société a pour but :

1° D'assurer du travail à tous les associés, au moyen de l'échange réciproque de leurs produits et de leurs services.

2° De créer le crédit mutuel sans intérêt.

3° De fonder la retraite des travailleurs invalides des associations fraternelles, et des écoles primaires, secondaires et professionnelles pour les enfants des associés.

4° D'établir l'équilibre entre la production et la consommation, selon les règles de la justice, en établissant une équitable répartition des produits du travail de tous, selon les besoins de chacun et les nécessités de sa profession.

5° De remplacer, autant que possible, le travail manuel par les mécaniques, de manière à donner aux travailleurs le temps nécessaire pour développer leurs facultés intellectuelles.

6° De former des entrepôts et des bazars où l'excédant des produits de la société sera mis en vente.

Ce but ne s'accomplira que progressivement, à mesure que les ressources de la société augmenteront.

La première opération de la société sera l'échange des produits et des services.

ART. 3.

Le siége de la société est...

ART. 4.

La durée de la société est fixée provisoirement à 99 ans.

CHAPITRE II

Fonds social.

ART. 5.

Le fonds social se compose des produits, marchandises et capitaux, que chaque associé s'engage à apporter en signant l'acte de société. Cet apport sera équivalent au produit qu'elle demandera.

ART. 6.

Chaque association aura un reçu du montant de son apport, afin de constater ses droits en cas de dissolution de la société.

CHAPITRE III
Bons d'échange et crédit.

ART. 7.

La commission centrale des associations fraternelles, d'après délibération, garantira, au nom de toutes les associations, l'émission de bons d'échange pour une valeur équivalente au crédit demandé par chaque association, afin de faciliter les transactions entre les associés. Ces bons d'échange auront cours dans toutes les associations fraternelles de l'Union. Les associations ou les associés qui les refuseraient en seraient exclus. Cependant, la journée ou la semaine des travailleurs associés sera rétribuée, au moins pour le tiers, au plus pour la moitié en numéraire.

Aucune des associations adhérentes ne pourra faire une émission de bons d'échange. La commission centrale seule aura ce droit.

ART. 8.

Lorsqu'une association faisant partie de l'Union aura besoin de marchandises, de produits ou d'argent pour accomplir ses travaux, elle fera une demande de crédit à la commission centrale qui jugera de l'opportunité de la demande et des garanties morales ou matérielles offertes par l'association qui aura fait cette demande, et y fera droit selon les ressources dont elle pourra disposer. L'époque du remboursement sera limitée; si le prêt a été fait en numéraire, il sera remboursé en numéraire; s'il a été fait en bons d'échange il sera remboursé en produits.

ART. 9.

Si l'association qui demande un crédit se trouve en état de désorganisation, par suite d'une mauvaise gestion, ou par la faute des associés, la commission devra reconstituer cette association avant de lui accorder un crédit.

ART. 10.

Les bons d'échange seront de 5, 10, 25 et 50 centimes ; de 1, 2, 5, 20 et 100 francs.

Ils seront garantis solidairement par toutes les associations fraternelles de l'Union.

A chaque émission nouvelle de bons d'échange, il sera apposé sur chaque bon, la signature du directeur du comité des finances de la commission centrale, et le cachet de l'Union des associations, et la signature du gérant de l'association qui aura demandé le crédit et le cachet de cette association.

Au dos de chaque bon seront lithographiées les adresses de toutes les associations fraternelles de l'Union.

CHAPITRE IV

Actions

ART. 11.

La société délivrera des actions contre du numéraire; ces actions donneront droit à une prime de 5 0/0 payable en produits, en objets de consommation ou services. Ces actions ne désigneront aucune marchandise spéciale, elles seront acceptées indistinctement par tous les associés et adhérents, et ne seront remboursables qu'en objets de consommation ou services.

ART. 12.

Les actions seront de 5, 10 et 50 centimes, 1, 2, 5 et 20 francs.

Le produit de ces actions sera employé pour les besoins généraux.

ART. 13.

Comme garantie du montant des actions mises en circulation, le capital provenant de ces actions sera exclusivement consacré à l'acquisition et à l'exploitation des domaines de la société.

En attendant que la commission centrale puisse faire ces acquisitions au nom de la société, ce capital pourra être provisoirement employé à faire des prêts aux associations qui en auraient besoin pour accomplir leurs travaux.

CHAPITRE V

Mutualité du travail.

ART. 14.

Les associations prennent l'engagement

de se faire travailler mutuellement selon leur besoin de consommation et de services réciproques; en conséquence, elles doivent pourvoir selon leur force à ces besoins.

CHAPITRE VI

Cotisation mensuelle, Caisse commune, Retraite, Éducation.

ART. 15.

Afin de hâter la fondation de la retraite des travailleurs, celle des crèches et écoles primaires, secondaires et professionnelles, de pourvoir aux besoins des malades, des infirmes et aux prêts gratuits en numéraire,

Chaque associé s'engage à verser dans la caisse commune et centrale un franc par mois.

La moitié des bénéfices provenant de la vente de l'excédant des produits, sera versé chaque mois à la caisse centrale dans le même but.

ART. 16.

Si les fonds de la caisse commune étaient insuffisants pour les besoins généraux, la cotisation mensuelle serait augmentée.

Les gérants des associations sont chargés de faire les recouvrements et d'en verser le montant à la caisse commune.

Le caissier en constatera la réception à titre de don.

ART. 17.

L'éducation agricole industrielle, artistique et scientifique sera donnée aux frais de l'association à tous les enfants des sociétaires, selon leurs aptitudes et dans les six mois qui suivront la formation de l'Union des associations fraternelles.

Ces enfants seront nourris et entretenus aussitôt que les ressources de l'association le permettront, dans les crèches, salles d'asile, écoles primaires secondaires et professionnelles qui seront fondées successivement.

ART. 18.

Les vieillards et les infirmes qui auront par leurs travaux contribué à la prospérité de l'association, seront admis à jouir d'une retraite convenable, mais cependant en rapport avec les ressources de l'association.

ART. 19.

Il sera fondé des bibliothèques, établissements de bains, spectacles, concerts et conférences, et enseignement de droit civil et commercial, à mesure que les ressources de l'association le permettront.

CHAPITRE VII
Des Colonies agricoles.

ART. 20.

Des colonies agricoles et industrielles seront instituées par la commission centrale dans de vastes fermes dont la location sera garantie solidairement par toutes les associations fraternelles de l'Union.

Ces fermes seront dirigées par des travailleurs spéciaux qui seront aidés comme toutes les autres associations par des crédits soit en numéraire, soit en bons d'échange, soit en toutes sortes d'objets qui leur seront nécessaires.

Les vieillards y seront placés autant que possible pour y jouir de la retraite ou y fonder aussi des écoles pour l'étude de l'agriculture et de l'industrie des sciences et des beaux-arts.

CHAPITRE VIII

Cas d'exclusion.

ART. 21.

Toute association qui ferait des opérations illicites sera exclue de l'Union sur le rapport fait par la commission centrale.

CHAPITRE IX

Garantie sociale.

ART. 22.

Toutes les opérations qui auront été faites et les dettes qui auront été contractées par une ou plusieurs des associations de l'Union sans être consentie par la commission centrale ne seront pas garanties par l'union des associations, qui dans ce cas n'en accepte pas la solidarité.

ART. 23.

Les sociétaires ne sont responsables des opérations de la société qu'en proportion des obligations contractées par chaque association et chaque corporation ; ils ne sont passibles que de la perte du montant de leur apport social.

CHAPITRE X

Des Délégués des Associations fraternelles. — Des Assemblées générales en particulier.

ART. 24.

Chaque corporation composée des associations de la même profession, se fera représenter par trois délégués.

ART. 25.

La totalité des délégués des associations représentera l'Assemblée géné-

rale de l'Union des associations fraternelles.

ART. 26.

Une commission sera nommée parmi
les membres de cette assemblée pour
centraliser les opérations de la réunion,
et prendre le nom de commission centrale de l'Union des associations fraternelles.

ART. 27.

Chaque association se réunira pour
entendre les rapports et propositions
qui lui seront présentées par ses délégués, les votes de chaque association
seront recueillies dans un procès verbal,
les décisions seront adoptées à la majorité des deux tiers des voix de toutes
les assemblées des associations fraternelles de l'Union,

Cependant les réclamations de la

minorité seront prises en sérieuse considération, et la commission centrale
tâchera de concilier tous les intérêts.

CHAPITRE XI

Entreprise de bazars, Exportation

ART. 28.

Des entrepôts et des bazars seront
établis selon les besoins et les ressources de la société pour écouler l'excédant des produits des diverses associations de l'Union.

ART. 29.

La commission centrale établira des
relations avec les associations des dé-
partements et de l'étranger, et s'occupera des moyens de favoriser l'expor-
tation de l'excédant des produits ; elle
donnera l'excédant nécessaire aux associations qui ne seraient pas assez nom-

breuses, et en formera de nouvelles.
selon les besoins de l'association.

CHAPITRE XII
Commission centrale.

ART. 30.

Lorsque des associations auront adhéré aux présents statuts, et auront nommé chacun trois délégués pour un an, l'union des associations sera régulièrement constituée.

On n'admettra dans l'Union des associations que celles fondées sur les véritables bases de la fraternité.

ART. 31.

La commission centrale se composera du conseil de direction ou du conseil de surveillance.

ART. 32.

Le conseil de direction formera cinq comités :

1° Le comité de production qui s'occupera de la quantité et de la nature des produits agricoles, industriels, scientifiques et artistiques.

2° Le comité de répartition qui s'occupera de la distribution des produits nécessaires à la consommation des associés.

3° Le comité d'enseignement industriel, agricole, scientifique et artistique.

4° Le comité du contentieux ou conseil arbitral qui jugera en dernier ressort des différends qui s'élèveront entre les associés ou les associations.

5° Le comité des finances qui s'occupera de la comptabilité sociale.

ART. 33.

Un règlement particulier sera élaboré et adopté par chacun de ces comités.

Chaque comité sera composé de cinq membres.

ART. 34.

Le conseil de surveillance sera chargé de surveiller les opérations du conseil de direction et les opérations de toutes les associations de l'Union.

ART. 35.

Les membres du conseil de direction et de surveillance seront nommés par l'assemblée générale des délégués de l'Union des associations fraternelles.

CHAPITRE XIII

Cas de dissolution.

ART. 36.

La dissolution d'une ou plusieurs associations n'entraînera pas la dissolution de l'Union des associations fraternelles. Cette dissolution ne pourra avoir lieu que dans le cas où les deux tiers des associations faisant partie de l'Union le demanderaient.

ART. 37.

Dans le cas de dissolution et de liquidation pour cause grave quelconque, chaque association aura sa part du dividende actif, en proportion du montant de son apport, sauf réserve pour la retraite des vieillards et des enfants, qui sera assurée.

Toute association qui se retirera perd ses droits à la retraite et aux frais de l'association fraternelle.

Toutes les associations sont invitées à envoyer des délégués pourvus d'un mandat spécial à la quatrième réunion des délégués des associations qui aura lieu le...

En conséquence du vote émis par la

majorité des délégués dans la troisième réunion, cette réunion aura pour but de recevoir les adhésions des associations qui auront adopté en assemblée générale les bases de ce projet :

L'union des associations fraternelles au moyen d'une constitution unique, sauf les règlements particuliers à chaque profession ;

La mutualité du travail au moyen du prêt sans intérêt et de l'échange réciproque des produits. La société fraternelle est solidaire pour les enfants, les vieillards et les malades.

Dix associations ayant adhéré et nommé leurs délégués, l'Union des associations fraternelles sera constituée immédiatement.

COMMISSION NOMMÉE PAR LES DÉLÉGUÉS DES ASSOCIATIONS.

JEANNE DEROIN, DELBROUCK, DÉCHENAUX, BLAISON, SOLON.

Nous pourrions nous livrer ici à de longs commentaires, nous ne le ferons pas. Le public auquel nous nous adressons, qui a aujourd'hui des idées plus pratiques, sinon plus élevées et plus généreuses, verra dans ces statuts le côté humain et civilisateur qu'ils contiennent. C'est en quelque sorte l'esprit et la pensée de la Révolution de 1848, révolution trop méconnue, mais qui n'en restera pas moins devant l'histoire comme une de celles qui ont stigmatisé avec le plus d'énergie les dominateurs du peuple.

A ceux qui redoutent les discussions hardies, dans le domaine des idées, nous dirons que leurs craintes sont puériles. Les statuts que voici sont l'œuvre de républicains de toutes les nuances. Des partisans de Fourrier, de Saint-Simon, de Babeuf, de Buchez, de

Pierre Leroux, de Cabet, de Louis Blanc et de Proudhon ont pris part à leur rédaction. Prenez les écrits de ces hommes de bien, un abîme les sépare. Cependant, dès qu'il s'agit d'élaborer un code du travail, condamnant le prolétariat, le plus parfait accord s'établit entre les disciples de ces chefs d'école, partis de points de vue si divers.

Les divisions qui semblent exister dans le parti républicain, loin de l'affaiblir, prouvent sa puissance et sa grande vitalité. Ne redoutons donc pas les libres manifestations de la pensée. Si elles créent chez les hommes des divergences de vue, il ne s'ensuit pas qu'elles soient un danger pour un pays. Elles lui donnent au contraire un cachet d'indépendance en fortifiant le *Self will*, qu'il n'aurait pas sans cette constante et perpétuelle émulation.

Chacun alors a une volonté qui lui est propre. Pour être fort, il n'y a plus qu'à courber le front devant la loi. C'est un sacrifice que les plus fiers peuvent s'imposer sans honte et sans remords, surtout lorsque le suffrage universel est devenu dans une nation, la loi des lois.

Il y a quelque temps, un vieux républicain, qui est, au dire des hommes du métier, un grand jurisconsulte, Dupont de Bussac, a publié un petit manuel à l'usage des coopérateurs, excellent guide que l'ouvrier désireux de marcher sur un terrain ferme, sans se heurter à la justice, fera bien de méditer. C'est par ce motif qu'à notre tour nous allons le reproduire en partie dans ce modeste volume destiné aux travailleurs.

VI

DE QUELQUES ERREURS DE DROIT

PAR DUPONT DE BUSSAC

« On a prétendu quelquefois qu'il était possible de former légalement des associations coopératives en recourant à l'un des modes quelconques de sociétés du droit commun, civil ou commercial.

« C'est une grave erreur.

« La société anonyme à capital et personnel variables, telle qu'elle est formulée par la loi de 1867, est la seule forme qui puisse convenir aux associations coopératives.

« La seule ! Pourquoi ? Voici les raisons :

« Si l'on veut faire une société civile dans les limites du code civil, il faut d'abord que le but de la société n'ait rien de commercial : par exemple, une société de consommation qui approvisionne exclusivement ses associés. Mais si cette société vend à des tiers, elle est de plein droit commerciale et soumise à toutes les conséquences de la loi commerciale. Il en est ainsi de toutes les sociétés coopératives dont le but est la production. Comme elles achètent des matières pour les revendre fabriquées à des tiers, elles ne peuvent se dire purement civiles ; elles sont commerciales par la force des choses. (Art. 632, c. comm.)

« Ces deux espèces de sociétés, civile ou commerciale, ont le même intérêt

à se déclarer Sociétés à capital et personnel variables, d'après la loi de juillet 1867. C'est ce que je vais essayer de
prouver.

« Examinons d'abord la société purement civile par son objet, et voyons
ses inconvénients, ses impossibilités au
point de vue des associations coopératives.

« 1° D'après le droit civil, dans une
société purement civile, le nombre des
associés est irrévocablement limité à
ceux qui ont signé l'acte social. Si les
associés veulent accroître le nombre de
leurs associés, il faut liquider la société
et faire un nouvel acte. De plus, il faut
l'unanimité des consentements.

« Une seule opposition peut tout entraver. Au contraire, la loi de 1867
permet (art. 48), l'admission indéfinie
d'associés nouveaux, même dans une

société purement civile, et il peut suffire de la majorité des voix pour prononcer ces admissions.

« Comme les sociétés coopératives ne peuvent, ordinairement, se fonder d'abord que par le concours d'un petit nombre de travailleurs, elles doivent, si elles veulent vivre et prospérer, insérer dans leurs statuts une clause qui permette la multiplication des associés.

« La société civile du code civil ne peut donc pas suffire à la fondation et au développement des sociétés coopératives.

« Et, si une société civile s'établit sur les bases de la loi de 1867, elle est une société à personnel variable (art. 48, 58, 64).

« 2° D'après le droit civil, dans une société purement civile, les mises de chaque associé fournies ou à fournir sont irrévocablement fixées par l'acte social. Le capital ne peut être augmenté que par l'unanimité des consentements.

« Dans les sociétés civiles qui se mettent sous l'égide de la loi de 1867, le capital social est variable de plein droit et peut être indéfiniment accru par les mises des associés adjoints.

« La société purement civile du code ne peut donc suffire à la vie des sociétés coopératives, qui peuvent être fondées avec un capital modeste de 35 francs et qui ont besoin de l'accroître incessamment par les apports d'associés nouveaux.

« Mais la société civile qui voudra jouir du bénéfice de la loi de 1867 devra dire, en toutes lettres : *Je suis Société à capital variable* (art. 48, 58, 64).

« 3° Dans les sociétés civiles ordinaires, le vote des associés ne peut expulser un associé ivrogne, fainéant, querelleur.

« Pour s'en débarrasser, les associés sont obligés de s'adresser aux tribunaux, et les juges n'ont pas le droit de prononcer l'expulsion de cet associé insupportable ; ils ne peuvent qu'ordonner la dissolution et la liquidation de la société.

« D'après la loi de 1867 (art. 52), toute société civile qui s'est déclarée à personnel variable, peut décider qu'un des associés « cessera de faire partie de la « société ».

« Et, comme dans les sociétés coopératives un peu nombreuses il peut se trouver un associé qui, par sa conduite, désorganiserait le travail des ateliers, la loi civile ordinaire ne peut suffisamment protéger l'existence de ces socié-

tés ; elle n'assure pas la discipline de
l'atelier par le frein moral de l'expulsion.

« 4° Dans les sociétés civiles ordinaires, nul associé ne peut se retirer par
sa seule volonté (art. 1809, Code civil),
nul ne peut retirer une partie de sa
mise, quelle que soit l'urgence des besoins de sa famille. — Ces choses sont
possibles d'après la loi de 1867, quand
la société s'est dé   ée : Société à personnel variable, à capital variable.

« 5° Si une société civile veut inten-
ter un procès, la loi civile veut que
l'assignation comprenne la nomencla-
ture des noms et domiciles de tous les
associés, fussent-ils mille! Cette société
ne peut être représentée en justice par
ses administrateurs. Si, d'un autre côté,
un tiers veut faire un procès à cette société, il doit, à peine de nullité, assigner
chacun des associés, fussent-ils mille!

Que de frais ! Un pareil droit peut-il convenir à des sociétés ouvrières? Mais si la société civile s'est déclarée à capital et personnel variables, elle est représentée en justice, activement ou passivement, par ses gérants ou ses administrateurs (art. 531 de 1867).

« 6° Dans la société purement civile, la mort d'un seul associé entraîne la dissolution du contrat. Avec un pareil droit, une société coopérative un peu nombreuse, composée d'associés de tous les âges, n'aurait pas la chance de vivre même une année.

« Mais la loi de 1867, prévoyant des chances de mort que les contrats pourraient ne pas prévoir, déclare (art. 54) que la société qui s'est constituée à personnel variable, continue de plein droit son existence malgré la mort d'un ou plusieurs associés.

« La société est donc certaine de survivre. Mais il y a là, un autre avantage, c'est que ni les héritiers, ni les créanciers du mort ne peuvent s'immiscer dans les affaires de la société. Les inventeurs font la loi commune.

« Pour les dettes, la supériorité de la société civile anonyme à capital et personnel variables est également incontestable.

« Dans la société civile ordinaire, s'il y a des dettes, les associés, quoiqu'ils aient complétement versé leurs mises, peuvent être poursuivis chacun pour une somme et part égale, encore que la part de l'un d'eux fût moindre (art. 1863).

« D'après la loi de 1867, la société civile peut être anonyme ; son capital est représenté par des actions ou parts d'intérêt, et les associés ne sont jamais engagés au delà de leur mise (art. 33, C. com.).

« Je ne pousse pas la comparaison plus loin, mais si l'on compare la loi civile et la loi de 1867, il me semble impossible de ne pas affirmer que la société anonyme à capital et personnel variables est la seule qui convienne aux sociétés civiles que des travailleurs voudront fonder.

« Maintenant, je passe aux sociétés cooperatives qui auront un caractère commercial, telles que les sociétés de production. La société anonyme à capital et personnel variables est encore la seule qui puisse leur convenir.

« Voyons la société en commandite pure et simple. Dans cette société, comme dans la société civile ordinaire, le nombre des associés, le capital ordinaire social sont irrévocablement fixés par le contrat.

« Ce genre de société ne peut donc convenir aux sociétés coopératives qui ont besoin pour vivre et surtout pour se développer, de l'adjonction de nouveaux capitaux.

« De plus, il faudrait une raison sociale où le nom du gérant devrait nécessairement figurer.

« Et, si les gérants sont révocables, la raison sociale devrait changer avec les gérants, — cause du discrédit. Les gérants sont personnellement et indéfiniment responsables ; qui voudra être gérant révocable et garder la responsabilité de l'avenir, puisqu'il resterait nécessairement associé en nom collectif? Qui voudrait succéder au gérant dans une affaire peut-être compromise, et changer sa position irresponsable de commanditaire contre la responsabilité illimitée du passé et de l'avenir?

« La société en commandite par actions est plus impossible encore. En effet, si le personnel des associés peut varier par la cession des actions, le montant du capital doit être inscrit dans les statuts et ne peut varier.

« De plus, la loi de 1867 (art. 1er) exige que les actions, ou partie de l'intérêt, soient au moins de cent francs, et que le quart de l'action soit versé immédiatement.

« Enfin, il faut des gérants indéfiniment responsables. Les associations anonymes ordinaires telles qu'elles sont maintenant organisées par la loi de 1867, ne sont pas plus compatibles avec les sociétés coopératives ouvrières.

« Leur capital doit être déterminé par l'actif constitutif, et il est invariable. Les actions sont de cent francs au moins, et le quart des actions doit être versé (art. 24) au moment où l'acte est signé.

« Y a-t-il beaucoup de groupes ouvriers qui puissent, dans un but de coopération industrielle, fonder des sociétés en commandite par actions ou des sociétés anonymes ordinaires, en subissant de telles conditions ? conditions pécuniaires exorbitantes, impossibilité d'accroître le capital et le nombre des associés !

« En résumé, on peut donc affirmer que ni la société civile du Code civil, ni la société en commandite ordinaire, ni la société en commandite par actions, ni la société anonyme ordinaire ne peuvent être utilement employées pour aider la réalisation et le succès si désirable des sociétés ouvrières de coopération.

« Le seul mode de société qui puisse s'adapter à ces sociétés coopératives, est celui de la société anonyme, civile ou commerciale, à capital et à personnel variables, tel qu'il est indiqué par a loi de 1867. »

VII

MODÈLE DE STATUTS

POUR LES SOCIÉTÉS COOPÉRATIVES

Voici, pour terminer ce livre d'une façon toute pratique, les statuts de l'*Entreprise*, société anonyme d'ouvriers maçons, tailleurs de pierre, etc., statuts que nous considérons comme un excellent modèle :

TITRE PREMIER

Dénomination de la Société, son but, sa durée, siége social.

ARTICLE PREMIER.

Il est formé, par ces présentes, une Société en coopération entre les soussignés et ceux qui adhéreront aux présents Statuts.

ART. 2.

La Société prend la dénomination de : l'*Entreprise*, association d'ouvriers maçons, tailleurs de pierre, etc.

ART. 3.

La Société a pour but l'exploitation de tout ce qui concerne les travaux du bâtiment en général, l'achat et la vente d'immeubles, les opérations et négociations se rattachant à l'entreprise de la bâtisse.

ART. 4.

Le nom de chaque associé sera inscrit sur un registre à souche spécial, dont il lui sera délivré un extrait pour lui servir de titre.

ART. 5.

Le siége de la Société est à Paris, rue d'Arras, 3.

Il pourra être transféré ailleurs, après délibération de l'Assemblée générale.

ART. 6.

La durée de la Société est fixée à quatre-vingt-dix-neuf ans, qui ont commencé le.....

TITRE II

Apport. — Capital social.

ART. 7.

Le capital est illimité et variable.

Chacun des associés apporte son credit, son industrie, son concours effectif et sa part de capital, suivant la prescription des articles qui suivent.

ART. 8.

Le capital social se compose :

1° D'une part obligatoire de 3,000 francs pour chaque associé ;

2° D'une mise facultative de chaque associé, laquelle n'est commanditaire que vis-à-vis des tiers et reste obligataire vis-à-vis des associés ;

3° Du fond de réserve.

ART. 9.

Le capital obligatoire de chaque associé sera réalisé :

1° Par les sommes versées en souscrivant ;

2° Pour les non travailleurs, par des versements mensuels qui ne pourront pas être inférieurs à 20 francs ;

3° Pour les travailleurs et les employés de la Société, par la retenue d'un dixième sur leurs salaires ou appointements;

4° Pour les uns et les autres, par la retenue totale des bénéfices, en outre du dixième, pour les salaires et appointements, jusqu'à ce que les deux premiers 1,000 francs soient complétés, et ensuite, pour les derniers 1,000 francs, par la retenue des bénéfices seulement.

Si l'associé le préfère, il a toujours la liberté de se libérer par un ou plusieurs versements.

Pour faciliter la répartition, les versements partent du 1.er de chaque mois, ceux faits dans la première quinzaine seront avancés, ceux effectués dans la seconde quinzaine, reculés.

ART. 10.

Le capital facultatif de chaque associé sera souscrit et payé par fractions d'au moins 100 francs, ou par des multiples de la même somme.

Le capital a droit, avant tout partage, à un prélèvement de 5 0/0 par an, payable fin juillet, et à une part de bénéfice, comme il sera dit à l'article 36

ART. 11.

Le capital pourra toujours être augmenté par l'admission de nouveaux associés et la souscription du capital facultatif. Mais, pour la sécurité des tiers, il ne pourra être diminué qu'une fois par an, au moment de l'inventaire, qui devra être publié s'il y a diminution du capital.

TITRE III

Obligations et droits des associés.

ART. 12.

Chacun des associés doit à l'association sa capacité ; il s'oblige à donner ses soins aux entreprises de la Société, ainsi qu'à fournir sa collaboration active et régulière à toutes les opérations que fera la Société. Il promet de se conformer et de se soumettre à toutes les règles et conditions qui sont et seront établies, soit par le présent acte de Société, soit par les règlements généraux de travail et d'atelier, acceptés en Assemblée générale.

L'associé dont l'apport ne serait pas complet, et qui aurait l'autorisation de

travailler hors de la Société, sera tenu
de verser 10 0/0 du produit de ses jour-
nées au crédit de son capital obligé;
s'il n'était pas sincère dans ses déclara-
tions, le Conseil de famille lui inflige-
rait les peines portées par les règlements.

Celui qui quittera les chantiers sans
autorisation, ou qui ne rentrera pas à
l'expiration d'un congé temporaire, sera
privé :

1° De la part des bénéfices afférente
à la main-d'œuvre, et ne pourra, pour
l'avenir, recouvrer ce droit que par décision du Conseil de famille ;

2° Des secours de l'assistance sociale; et il serait obligé, au cas où l'inventaire se solderait en pertes, à en
supporter sa quote-part comme travailleur.

ART. 13.

Les travailleurs recevront un salaire
fixé d'après le cours de la place et selon leur spécialité, soit à la journée,
soit aux pièces; les chefs d'ateliers auront des appointements selon la même
règle, les administrateurs, les commis-

saires et les conseillers recevront des jetons de présence dont la valeur sera déterminée par l'Assemblée générale.

ART. 14.

Tous les associés doivent faire partie de l'assistance sociale, en se conformant au règlement fait ou modifié par l'Assemblée générale, tous y ont droit.

TITRE IV
Administration.

ART. 15.

L'Association est administrée par un Conseil d'administration composé de sept membres. Le Conseil a les pouvoirs les plus étendus pour administrer les affaires de la Société. Il détermine les attributions de chacun de ses membres et les communique à l'Assemblée générale, ainsi que les modifications qu'il juge nécessaire d'y apporter. Chacun des membres du Conseil a la signature sociale pour les affaires dont il est chargé. Les pouvoirs qui en déterminent les attributions seront mentionnés dans une procuration sur minute chez le notaire de la Société.

TITRE V

Comité de contrôle.

ART. 16.

Un Comité de contrôle, nommé par l'Assemblée, composé de cinq membres, surveille et contrôle toutes les affaires de la Société. Les membres du Conseil sont élus pour trois années, ils sont renouvelés par tiers chaque année; pour les deux premières années, les membres sortants sont désignés par le sort; le Conseil nomme son président, son vice-président, son secrétaire, et détermine ses jours de réunion.

Les membres sortants peuvent être réélus.

ART. 17.

Le Comité de contrôle veille à l'exécution des Statuts et des règlements, contrôle les opérations de l'administration et vérifie la comptabilité, la caisse et le portefeuille; il prend connaissance de la correspondance, des contrats, traités, en un mot de tout ce qui concerne les intérêts de la Société; approuve les états de situation mensuelle;

les inventaires, et propose le chiffre des répartitions; donne son avis sur les règlements que les administrateurs présentent à l'approbation de l'Assemblée.

ART. 18.

Il soumet à l'Assemblée générale les cas de retraite ou de révocation des administrateurs, et il la convoque s'il y a lieu d'élire leurs remplaçants. Il fait, tous les six mois, son rapport à l'Assemblée sur la situation de la Société.

ART. 19.

Le Comité de contrôle ne s'immisce en aucun cas dans la gestion proprement dite; les administrateurs ne sont pas obligés d'exécuter ses décisions.

TITRE VI

Conseil de famille.

ART. 20.

Le Conseil de famille est composé de douze associés pris par ordre d'inscription sur la liste des associés autres que les administrateurs et les membres du Comité de contrôle; il se renouvelle par quart tous les six mois et à chaque vacance, quel qu'en soit le motif.

L'associé refusant de prendre son tour, est reporté à la fin du rôle pour reprendre son rang.

ART. 21.

Le Conseil de famille se réunit au moins une fois par mois, et aussi souvent qu'il sera convoqué par le président du Comité de contrôle ou par l'administration. La présence d'au moins huit membres est nécessaire pour la validité des décisions. Il fait son règlement et détermine ses jours de réunion mensuelle.

ART. 22.

Les séances sont dirigées par le président du Comité de contrôle, et les procès-verbaux sont rédigés par le secrétaire dudit Comité; tous deux n'ont que voix consultative.

Le procès-verbal doit être lu à la fin de chaque séance, adopté par le Conseil et certifié par les deux membres les plus âgés.

ART. 23.

Il a pour mission :

1° De juger en dernier ressort toutes les contestations qui pourront s'élever entre la Société et les associés, ou entre associés pour affaire de la Société ;

2° De statuer en dernier ressort sur les différends qui pourraient exister sur l'interprétation, tant des présents Statuts que des règlements ;

3° De donner son avis sur l'admission de nouveaux sociétaires, sur les exclusions de la Société et la révocation des administrateurs.

TITRE VII

Assemblée générale.

ART. 24.

Les associés se réunissent en Assemblée générale les derniers jeudis d'avril, juillet, octobre et janvier.

L'Assemblée générale peut être convoquée extraordinairement par les administrateurs ou le Comité de contrôle ; pour se constituer régulièrement, l'Assemblée doit comprendre au moins les trois cinquièmes des associés.

Les décisions sont prises à la majorité des voix.

L'Assemblée est présidée par le président du Comité de contrôle, et le procès-verbal rédigé par le secrétaire de ladite Commission.

ART. 25.

L'Assemblée entend le compte rendu de l'administration, le rapport du Comité de contrôle et celui du Conseil de famille. Elle prend communication des inventaires, les approuve, s'il y a lieu, et détermine, d'après ces inventaires et conformément aux Statuts, le chiffre des bénéfices ou des pertes à répartir.

ART. 26.

L'Assemblée peut seule prononcer définitivement sur les admissions ou exclusions des associés ; sur l'acceptation des souscriptions de capital facultatif et sur la réduction et la révocation des administrateurs et des membres du Comité de contrôle ; attribuer les 10 0/0 de bénéfices accordés par l'article 37 ; décider l'adoption ou la modification des règlements de la Société et les changements aux présents Statuts ; pour ce dernier cas, la réunion devra comprendre les trois quarts des associés. Dans le cas où le nombre des membres nécessaires pour constituer l'Assemblée convoquée ordinairement ou extraordinairement ne serait pas atteint, la réunion sera renvoyée à huit jours pour tout délai.

Les associés absents seront convoqués par lettre chargée, et, à cette nouvelle réunion, l'Assemblée pourra se constituer et délibérer valablement, quel que soit le nombre des membres présents.

Les délibérations de l'Assemblée régulièrement constituée sont obligatoires pour tous les membres de la Société, présents, absents ou dissidents.

Les délibérations sont consignées sur un registre à ce destiné et seront signées par le président et le secrétaire de l'Assemblée.

TITRE VIII

Admissions.—Démissions.—Exclusions. — Décès.

ART. 27.

L'Association peut toujours admettre de nouveaux membres, mais nul ne peut être admis dans la Société qu'en se conformant aux présents Statuts et au programme d'association adopté par l'Assemblée générale.

Le postulant admis en cette qualité devra, selon le programme d'admission, se conformer aux instructions qui lui seront données; il sera obligé à tous les devoirs sociaux comme les associés, et aura les mêmes droits, sauf dans la répartition des bénéfices. La présentation à l'admission de l'Assemblée générale d'avril comprendra les postulants de l'année entière, ainsi que les souscripteurs au capital facultatif; ceux dont l'admission serait ajournée, seront représentés à l'Assemblée de juillet.

ART. 28.

Il sera restitué au postulant non admis, toutes les sommes qu'il aura versées pour frais d'admission, ou à valoir sur son apport social ; mais, s'il se retire de son plein gré avant son admission, il n'aura aucun droit aux frais d'admission, qui resteront acquis à la Société à titre de dommages-intérêts.

ART. 29.

Les admissions sont faites pour toute la durée de l'association ; néanmoins tout associé peut se retirer quand bon lui semble ; mais la démission est toujours considérée comme datant du 31 décembre de l'année dans laquelle il la donne, et il sera remboursé comme il sera dit au titre X.

Les associés démissionnaires ou exclus devront s'en rapporter à l'inventaire social et ne pourront en requérir un supplémentaire ; ils n'auront pas le droit d'assister aux réunions ni de s'immiscer dans la gestion des affaires de la Société.

ART. 30.

La Société sera réputée seule propriétaire de tous les objets composant son actif. En conséquence, les créanciers particuliers d'un des associés ne pourront saisir ni revendiquer ces objets ; ils n'auront que la faculté de faire des actes conservatoires contre leur débiteur, entre les mains de ses coïntéressés, et seront tenus de s'en rapporter aux comptes arrêtés entre les associés, sans pouvoir s'immiscer directement ni indirectement dans les affaires de la Société.

ART. 31.

Si un associé était jugé indigne, pour quelque motif que ce fût, de continuer à faire partie de l'association, il pourrait en être exclu.

Les motifs d'exclusion sont déterminés par le règlement accepté en Assemblée générale, comme il est dit art. 27.

L'exclusion ne pourra être prononcée définitivement qu'après délibération de deux assemblées ordinaires, et à la majorité des membres présents à chacune d'elles.

A chaque Assemblée, le membre dont l'exclusion sera demandée aura le droit d'être entendu personnellement pour sa défense.

ART. 32.

En cas de décès d'un des associés, ses héritiers, représentants ou ayants cause, ne pourront réclamer que le montant des droits de leur auteur, tel qu'il aura été fixé par le dernier inventaire ; la Société se libérera vis-à-vis d'eux comme il sera dit au titre X et servira un intérêt de 5 0/0, payable par semestre, à partir du jour du décès, sans être obligée de donner caution.

ART. 33,

Si le membre décédé laisse une veuve ou des enfants en bas âge, la Société peut, sur la demande de la veuve ou du tuteur et la proposition des administrateurs, décider que les fonds, dont elle doit compte, continueront à jouir des bénéfices de l'association.

Cette décision ne donne à la veuve ni au tuteur aucun droit de contrôle, mais seulement celui de déléguer à un membre de la Société la surveillance de leurs intérêts.

Elle constitue une faveur qui peut être retirée par une décision de l'Assemblée, et qui cesse de droit pour la veuve si elle se remarie, pour les enfants dès qu'ils atteignent l'âge de majorité. Si l'apport du Sociétaire décédé n'atteignait pas, au moment de son décès, le minimum obligatoire, ce minimum se compléterait au moyen d'une retenue sur les bénéfices, et le Conseil de famille aurait, chaque année, à en déterminer le chiffre.

ART. 34.

En cas de mort de la femme d'un des associés, les représentants de cette dernière n'auront aucun droit de s'immiscer dans les affaires de la Société, ni de lui faire aucune réclamation, le mari survivant devant en faire son affaire personnelle vis-à-vis d'eux, et garantir l'association de toute demande de leur part.

Dans tous les cas, ils devront s'en rapporter au dernier inventaire annuel, et il ne pourra en être demandé un mentaire.

TITRE IX

Inventaires. — Bénéfices. — Pertes.

ART. 35.

L'inventaire annuel fait par les soins des administrateurs, examiné par le Comité de contrôle, sera présenté par lui à l'approbation de l'Assemblée générale.

Il sera mis à la disposition de tous les associés, huit jours au moins avant la réunion ; il contiendra tout l'actif et tout le passif de la Société ; l'excédant en profits ou en pertes sera réparti d'après les articles qui suivent.

ART. 36.

L'excédant de l'actif sur le passif, net de toute charge, représente le bénéfice sur lequel il est fait d'abord un prélèvement de 5 0/0 du capital auquel ce dernier a droit,

Le reste est réparti de la manière suivante :

10 0/0 au fonds de réserve jusqu'à concurrence du cinquième du capital obligatoire.

10 0/0 à la disposition de l'Assem-

blée générale pour les récompenses, gratifications, participations aux auxiliaires ou toute œuvre qu'elle jugera utile.

80 0/0 entre les associés au prorata des services rendus qui sont déterminés, les uns par la totalité des salaires et des jetons reçus dans l'année, et les autres par le prélèvement attribué au capital d'après l'article 10.

En cas de maladie ou de chômage provenant du fait de l'association, les associés travailleurs participeront aux bénéfices comme s'ils n'avaient pas cessé de travailler.

ART. 37.

L'excédant du passif sur l'actif représente la perte, laquelle sera répartie entre tous les associés dans la même proportion que l'eussent été les bénéfices. Elle sera reconstituée comme il est dit à l'article 9.

Dans le cas de perte, le prélèvement du capital, ou le complément de la somme nécessaire pour parfaire ce prélèvement, sera pris sur le fonds de réserve; s'il y avait insuffisance, la différence serait portée comme une dette pour l'exercice suivant.

ART. 38.

L'état des salaires, des augmentations et additions pour cause de maladie et chômage involontaires, celui du capital, seront mis à la disposition des associés, pendant une semaine; après ce délai, lesdits états et les réclamations auxquelles ils auront donné lieu seront soumis au Conseil de famille, pour être arrêtés définitivement et servir à la répartition.

La part de chacun, nette de toute charge sociale, sera payable fin janvier suivant.

TITRE X

Remboursement du capital.

ART. 39.

Le capital facultatif sera remboursé en totalité ou en partie, au gré de l'associé, deux ans après la demande qui devra en être faite avant le 31 décembre.

La Société pourra s'acquitter, un mois après la publication de l'inventaire, en remettant à l'ayant droit un billet à ordre payable à échéances avec intérêt, ou des obligations, si cela lui convient.

ART. 40.

Dans tous les cas, le capital obligatoire est remboursable à dater du dernier inventaire.

Le remboursement aura lieu :

1° Après deux ans pour les quatre cinquièmes du capital ;

2° Après cinq ans pour la part du fonds de réserve ;

3° Après onze ans pour le dernier cinquième du capital.

Ces sommes peuvent être diminuées des pertes qui doivent leur incomber, et elles ont droit à un intérêt de 5 0/0 payable par semestre.

Pour avoir un remboursement immédiat, le sociétaire sortant aura la faculté de présenter un successeur qui prendra sa place s'il est agréé par la Société.

ART. 41.

Les pertes à supporter par les démissionnaires, les exclus et les héritiers ou représentants des associés défunts, ne devront être afférentes qu'aux affaires faites antérieurement à l'inventaire qui suit leur sortie de l'association.

ART. 42.

La Société n'est tenue de fournir ni garantie ni caution à ses ex-associés ou à leurs ayants droit.

TITRE XI

Dispositions générales. — Modifications aux statuts.

ART. 43.

A l'expiration de la Société, ou à sa liquidation, pour quelque cause que ce soit, il sera procédé au partage de l'actif entre tous les associés proportionnellement à leurs droits respectifs. La liquidation se fera suivant le mode qu'adoptera l'Assemblée générale.

ART. 44.

Aucune modification aux présents Statuts ne pourra être acceptée par l'Assemblée générale, qu'après avoir été proposée par les administrateurs, par le comité de contrôle ou cinq membres de l'association, et après avis du Conseil de famille ; les propositions devront être connues des associés avant d'être mises à l'ordre du jour.

ART. 45.

Ces modifications ne seront applicables ni aux dissidents qui démissionneront, ni au capital facultatif dont le retrait serait demandé à cause de leur adoption.

ART. 46.

Tous pouvoirs sont donnés au porteur d'un extrait des présentes pour les publier et les déposer, partout où besoin sera, conformément à la loi.

Les soussignés, membres du Comité d'initiative, après avoir étudié et discuté les Statuts qui précèdent, les ont adoptés définitivement. Ils invitent tous ceux qui adhèrent et adhèreront à venir s'inscrire rue d'Arras, 3, le soir, de 8 à 10 heures.

FIN

Paris. — Typ. N. Blanpain, 7, rue Jeanne.

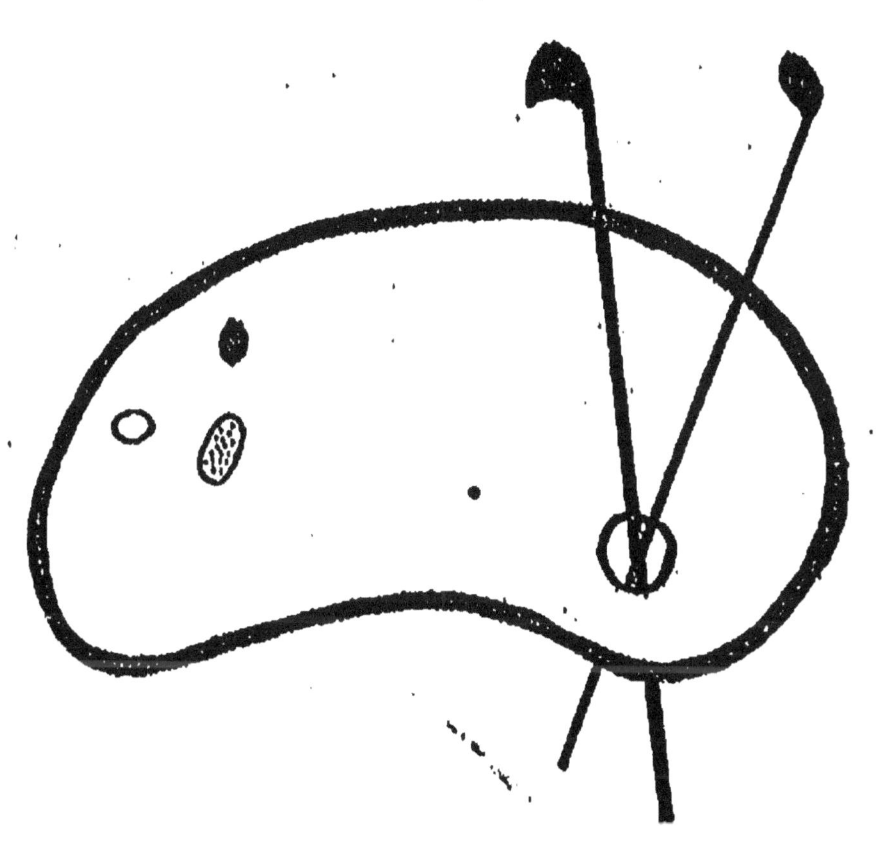

ORIGINAL EN COULEUR

Nº Z 43-120-8